金融自由化の法的構造

金融自由化の法的構造

——説明義務・銀行取締役の注意義務・破綻処理——

山田剛志著

信山社

はしがき

本書は、進展する金融自由化に際して生じた様々な諸問題に関し、法的に考察を加えたものである。金融自由化が進展する前は、金融業界は旧大蔵省による護送船団行政により規制され、業務の質に関して「横並び」で、競争は無かった。預金金利や貸出金利が規制され、業務範囲もそれぞれの業法により規制され、バブル経済が破綻するまでは、金融機関の倒産も無かった。しかし金融市場のファンダメンタルズが変化し、海外からの圧力などもあって、金融自由化が急速に進んだ。それに伴い、これまでは発生しなかったような問題が、立て続けに発生した。顧客との間の金融商品をめぐるトラブル、金融不祥事に関連した取締役の責任追及、そして金融機関自身の破綻である。

今では遠い昔のことだが、昭和六〇年代から平成二年頃まで、わが国は日経平均株価が三万円を超え、都市部を中心に地価も高騰を続けていた。そのような状況の中で高利回りをうたった金融商品が、バブル経済崩壊とともに大幅に下落し、元本どころか、中にはワラントのように紙くずになってしまう商品が続出した。販売時にその商品について、勧誘方法や説明に問題がなかったか、金融機関は説明義務を尽くしたかが、問題となった。その結果、金融資産を減らした投資家と、金融機関の間で一、〇〇〇件以上の訴訟が提起された。私自身も金融機関に勤務していたことがあり、元本保証でない商品を販売した経験があるので、「説明義務」に関しては学問的興味以上の関心を有していた。

説明義務に関し、いわゆる金融サービス法が施行され、また「一般法」として消費者保護法が施行された。両法の制定で、金融商品を販売する市場の整備がなされてきたが、しかし販売後の事情変更や適合性の原則などの点で、いまだ問題がある。また二〇〇一年は商法改正が三回もあり、会社法上の大原則が根本的に改正された年でもある。投資家にとって特に重要なのは、旧商法二一八条二項が撤廃され、一株あたりの純資産規制が撤廃され、資本充実の原則が大きく揺らいだ点である。その結果、赤字会社でも新株発行ができるようになり、株主が新株を引き受けた直後に当該会社が倒産し、債務超過ということも起こりうる。しかし一方でディスクロージャー、特に連結決算や時価評価が進まず、また説明義務も完全とはいえないため、投資家の自己責任を問いうるための前提条件が備わっているとはいえない。

また本文で詳述するように、二〇〇〇年九月に大和銀行株主代表訴訟判決が、約九〇〇億円の賠償を、被告であった銀行取締役に命じたことから、一気に株主代表訴訟の議論が深まった。しかし議論は賠償額のみに集中し、危機感を覚えた経済界の強い要請に基づき、議員立法により株主代表訴訟関連の法制度が改正された。その結果、取締役の注意義務の内容や程度などに関し、全く議論されないまま、賠償額に上限を付けることが可能となった。しかし取締役の行為に関し、これで問題解決といえるだろうか。

バブル経済の破綻による株・地価の下落と、不良債権の増大は、投資家に対してだけでなく、金融機関にも大きな損害を与えた。かつてのように、行政は収益力の弱い金融機関を守ることができなくなり、金融機関の破綻が相次いだ。私が大学を卒業した頃は、金融機関は非常に安定しており、絶対に潰れないといわれていた。しかし周知のように、近年金融機関の破綻が相次ぎ、一生安泰とはいかなくなった。

金融機関の破綻処理は、通常の企業のそれ（破産法、会社更正法、民事再生法）とは違う。最も大きな違いは、債権者（預金者）保護に公的資金を使う点である。二〇〇二年四月からペイオフが解禁されたが、通常の企業倒産だと、五％程度の配当率しかないが、銀行などの場合は一〇〇〇万円まで預金保険機構が全額保証する。その際破綻した金融機関を消滅させる方法と、国営銀行として保護した上で、新たな譲渡先を見つける方法がある。この差はなぜ生じて、それは妥当なのであろうか。本書ではこれらの問題を考えていくものである。

本書の前半は、私が一九九六年に新潟大学法学部に赴任してから執筆したものであり、後半は、二〇〇〇年から二〇〇一年にかけて、アメリカのコロンビア大学ロースクールへ留学した際に書いたものである。金融情勢が激動する中で、金融法に関する研究も日々進んでいる。私の研究もこれらの先行業績に負うところが大きいが、本書がささやかながら、学界に貢献できれば望外の幸せである。

研究を始めてから、既に一〇年が経つが、そもそも研究の機会を与えていただいたのは、新潟大学名誉教授で、現在関東学園大学法学部教授である小島康裕先生の御指導の賜である。また説明義務に関連してドイツの研究を深めたのは、一橋大学大学院法学研究科博士課程に在学中、一橋大学大学院法学研究科教授石原全先生から賜った御指導による。両先生に受けた学恩からすれば、未だ浅学非才の身を恥じるばかりである。今後とも研究に精進することで、少しでもご恩返ししたいと念じている次第である。

同時に、留学中に助言を受けたコロンビア大学ロースクール、ミルハウプト教授、ニューヨーク大学ロースクール、ミラー教授、及びドイツ・チュービンゲン大学、アスマン教授に感謝する次第である。また出版情勢厳しい中、出版の機会を与えていただいた信山社代表取締役袖山貴氏と戸ヶ崎由美子氏には、感謝の言葉もない。本書の校正と索引の作成に関し、大学院修士課程のゼミに在籍していた永田雄樹君（法務省に勤務）と藤原晴美さんに協力いただいた。改めて御礼申し上げるとともに、お二人の今後の活躍を祈念する次第である。最後に私とともにアメリカへ留学し、様々な苦労の中を過ごして帰国した、家内と息子に感謝したい。

二〇〇二年四月一日

山田剛志

目　次

はしがき

序　章　金融自由化とその背景 …… 1

一　第二次大戦後のわが国の企業統治（1）
二　金融行政と日本型システム（4）
三　金融自由化により生ずる法的諸問題（5）

第一章　金融機関の説明義務 …… 7

問題の背景（7）

第一節　わが国の問題状況（10）

一　変額保険販売と保険会社の説明義務（10）
1　変額保険販売とその背景（10）
2　変額保険訴訟の概要（11）
3　変額保険訴訟における説明義務に関する具体的検討（12）
二　融資取引に関する銀行の説明義務（15）

目　次

1 変額保険関連融資（15）
2 一般的融資取引（17）
三 有価証券販売に際しての証券会社の説明義務（20）
1 株式販売時における情報提供と不法行為責任（20）
2 ワラント取引に関する証券会社の不当勧誘と不法行為責任（22）
3 証券会社の投資勧誘と説明義務に関する学説の展開（24）
第二節 米国における金融機関による情報開示義務と適合性の原則（29）
一 銀行の貸手責任と情報開示義務（29）
1 貸手責任理論と信認義務（29）
2 情報開示理論に関する法理（32）
二 ブローカー・ディーラーによる不当な投資勧誘と適合性の原則（35）
1 不当な投資勧誘（35）
2 看板理論及び過当取引（37）
3 米国における適合性の原則の展開（40）
第三節 ドイツにおける投資仲介者の説明義務と目論見書責任理論の展開（47）
一 ユニバーサルバンクにおける投資商品販売と説明義務（47）
1 銀行（ユニバーサルバンク）の助言・説明義務（47）
2 助言・説明義務の具体的内容（50）

二　灰色資本市場と一般目論見書責任（53）
1　灰色市場と一般私法理論（53）
2　ドイツにおける二つの資本市場（54）
3　灰色の資本市場の歴史的展開（55）
三　灰色資本市場における一般私法理論による投資家保護（56）
1　判例法による一般目論見書責任理論の展開（56）
2　一般目論見書責任と投資仲介者の契約責任――アスマン教授の著作を手がかりに（59）
四　特別法（証券取引法）による投資仲介者の行為規制（61）
第四節　金融機関の説明義務に関する検討（67）
一　金融機関の助言・説明義務とその法的根拠（67）
二　金融機関の説明義務の内容（72）
1　適合性の原則の適用（72）
2　消極的義務とアフターケア義務（77）
第五節　「金融商品の販売等に関する法律」の検討（85）
第二章　銀行取締役の注意義務……91
問題の背景（91）
第一節　「銀行取締役の注意義務」の必要性（94）

一　我が国銀行行政と銀行取締役の注意義務——大和銀行事件を中心に（94）
1　事実概要及び判旨（94）
2　商法二六六条一項五号にいう「法令・定款」違反（100）
3　銀行取締役の注意義務（103）
4　護送船団行政と経営判断（105）
二　銀行取締役に関する米国判例法の展開と注意義務の程度（107）
1　FIRREA以前の銀行取締役の注意義務に関する判例（107）
2　アサートン判決とその影響（110）
3　証券取引におけるデュー・デリジェンスの抗弁（115）
第二節　「銀行取締役の注意義務」の具体的検討（119）
一　銀行取締役の注意義務（119）
1　大和銀行事件の検討（119）
2　専門家としての銀行取締役の注意義務（122）
二　銀行取締役の注意義務に関する一般原則——米国判例法からの注意義務基準（124）
三　我が国の銀行取締役をめぐる判例の検討（130）
1　融資取引（130）
(1)　中京銀行事件（130）
(2)　東京都観光汽船株主代表訴訟（132）

2 監視義務違反（135）
四 銀行取締役の注意義務に関する具体的検討（138）
1 破綻銀行取締役に対するＦＤＩＣ訴訟提起マニュアル（138）
2 ＦＤＩＣ法令遵守マニュアルからの示唆（140）
3 金融庁検査マニュアルの検討（142）
4 米国銀行法コンメンタールによる検討（144）
五 小結（149）
第三節 大和銀行事件の和解と株主代表訴訟をめぐる商法改正の検討（154）
第三章 銀行の破綻処理の特殊性 …… 159
第一節 銀行の破綻処理（一）――行政による積極的な介入（159）
問題の背景（159）
一 我が国の金融機関の破綻と国営銀行（161）
1 相次ぐ金融破綻（公的資金支援を得たもの）（161）
2 金融破綻と金融当局の対応（167）
3 行政主導による金融機関の破綻処理（173）
4 金融機能早期健全化法（176）
二 米国における金融機関の破綻（177）

1　金融機関破綻の背景（177）
2　金融機関改革復興執行法と行政の関与（178）
3　小　結（179）

第二節　銀行の破綻処理（二）――コストの最小化（184）

一　FDICによる破綻処理（184）
1　コンチネンタルイリノイ銀行の破綻と「大きすぎてつぶせない」原則（184）
2　預金保険法の改正（185）
3　現行法上の破綻処理手続概説（186）

二　受託者の指名（188）
1　受託者による金融機関の閉鎖とその基準（188）
2　清算手続――閉鎖処理と非閉鎖処理（192）
3　破綻処理手法の選択――コストテスト（199）

三　資産整理（202）
1　保険に関する裁判上の諸問題（202）
2　クロスギャランティー（204）
3　無効な優先権と詐欺的な譲渡（206）

四　債権者に対する配当（207）
1　制定法による請求手続（208）

2　請求の優先順位（211）
3　私的訴訟（213）
4　未履行契約（215）
五　サイドアグリーメントルール（216）
1　サイドアグリーメントルールの法的根拠（217）
2　サイドアグリーメントルールの適用（219）
六　小　結――早期介入の必要性と資産保護（222）
終　章　銀行はなぜ特別か……231
第一節　銀行の何が特別か（231）
第二節　金融機関の説明義務・銀行の取締役の注意義務及び銀行破綻処理の特殊性（236）
一　説明義務（236）
二　銀行取締役（239）
三　破綻処理（242）
事項索引（巻末）

金融自由化の法的構造

序　章　金融自由化とその背景

一　第二次大戦後のわが国の企業統治

金融は規制産業である。金融機関は、私企業でありながら、旧大蔵省あるいは金融庁の規制のもとで、あるいは預金保険を通して、公的な保護を受けることもある。

戦後金融は、大蔵省のいわゆる「護送船団行政」のもと、証券取引法六五条、銀行法一〇条などにより、業務範囲が制限されてきたために、業態を超えた競争とは無縁であった。一方金利に関しても、臨時金利調整法等により、預金金利や貸出金利が統制され、最も小さな競争力がない金融機関でも、金融業が営めるような政策が維持されてきた。この政策のお陰で、預金者の利益が損なわれてきた反面、一つの金融機関も破綻することなく、金融機関は破綻しないという「神話」が長年信じられてきた。しかしこの金融システムの安定は、他面においてその時代の重要産業に資金を安定的に供給し、日本の高度経済成長を支えてきたことは間違いがない。しかしわが国経済が発展するなかで国際化が進み、また外国から金融自由化の圧力を受けたために、わが国金融界はそれまでの政策を転換し、金融自由化を推し進める必要が出てきた。そのためわが国でも順次に自由化が実行され、金利規制は撤廃され、業務規制は「持株会社方式」を導入することで、規制が大幅に緩和された。

わが国では一九九八年まで持株会社が禁止されていた。一方で一九六四年日本がＯＥＣＤに加盟する際に、各企業は自社の株式を外国投資家に公開しなければならなかった。そこで外国資本による企業乗っ取りや経営者の追放を恐れたわが国の企業経営者は、持株会社類似の機能を持つ方法を発明した。それが株式持ち合いである。

その後まもなくほとんどの公開株式会社は、非常に多くの株式を互いに所有しあうようになった。中には旧財閥を中心とした企業グループを、形成するものも多かった。今まではわが国の会計制度は取得原価主義を採っていたので、(1) このとき取得した一流企業株式の原価と時価の差が、高度成長期からバブル期に至るまで、いわゆる含み資産（Hidden Asset）として日本経済の強さの原因の一つである。株式持ち合いの結果ある企業における株式所有は個人株主の減少とあいまって、公開企業の株主はほとんどが法人安定株主となった。しかもお互いに内政干渉を嫌うから、高度成長期の右肩上がり経済とあいまって、株主権行使の目的は現経営陣の追認となり、株主総会は形骸化した。商法上の最高意思決定機関たる株主総会は全くのセレモニーと化した。

それに輪を掛けたのが、いわゆる総会屋である。商法の改正以後も野村證券や旧第一勧銀などの一流企業において、この関係が続いてきたことは周知の事実である。総会屋との関係は経営上のトップシークレットとされ、他の取締役・監査役を始め誰からのチェックも受けなかった。その結果一流金融機関の前社長を始め複数の取締役が逮捕されたのは、記憶に新しい。

またわが国の職業的慣行によると、高校又は大学を卒業すると同一企業に勤め続けるのが通常であり、理想とされてきた。株主は経営に不満があれば、自らの株式を売却すれば、投下資本の回収ができ、会社との関係を絶つことができる。しかし従業員は、一生同一の企業に勤めるのであり、家族の生活を含め従業員の生活は企業に賭けられている。従って株主の声よりも従業員の声の方が重要ではないか、という指摘が多かった。実際ドイツでは、共同決定法（Mitbestimmungsgesetz）により、従業員代表が監査役（Aufsichtamt）として経営に参加している。しかしわが国の株式会社においては、そのような制度的保証はない。ところが実際には、日本型経営のいわゆる三種の神器を背景として[2]、経営者（取締役）[3]は元従業員であり、取締役本人も経営者としてより、従業員の延長線という認識が強い。従ってわが国では、事実上従業員支配が行われてきたともいえる。

同時に株主総会で選任された取締役は、取締役会を構成するが、取締役会は日常の業務執行を担当する代表取締役を選任する（商法二六一条一項）。しかし通常代表取締役は取締役会の中で一番先輩であり、自分の派閥等を介して、取締役会を事実上支配していることが多い。ある取締役がそれに逆らった場合には、次の株主総会において再任されないことになり、会社から追放されてしまう。株主総会では、株式持ち合いのために、現経営陣の提案のみが効力を持つからである。会社法の教科書には、「取締役会が代表取締役の業務をチェックする」という記述があるが、実際には取締役会も形骸化しており、オーナー経営者でもない元従業員の代表取締役が会社を独裁するという構図が可能となる[4]。

その結果多くの株式会社においては、代表取締役の独走に対するチェックシステムの欠落が生じ、総会屋や証券会社による一九九一年の損失補填問題を生む温床となり、実力経営者が会長や相談役などのポストで二〇年以上も経営の実権を握ってきたわけである。一方株主総会や取締役会が形骸化したために、従来メインバンクのみがモニター（監視者）の機能を果たしたとされている。しかし企業の資金調達の多様化及びバブル崩壊による信用不安と相まって、銀行の地位が相対的に低下してきた現在、誰が代表取締役をはじめとする株式会社の経営をモニターするのかは、大問題である。

二　金融行政と日本型システム

既述したように第二次大戦後の金融行政は、旧大蔵省によるいわゆる「護送船団」方式で行われてきた。日本の金融システムは、業態別金融法式即ち①銀行証券分離、②長短分離、③生損保分離などの政策と、預金金利及び貸付金利を事実上統一する政策により、維持されてきた。その結果バブル経済が崩壊するまで一行の銀行破産もなく、同時に繊維・造船や重工業などのその時代の基幹産業に集中的に資金を融資することにより、効率的に経済成長を側面から支援してきた。つまり戦後の混乱期及び高度成長期には、このような護送船団方式は有効であったし、効率的に機能した。

護送船団方式において、銀行経営に関して最も重要なのは、免許権者であり、監督権者である大蔵省の意向を迅速に知ることである。そこで各銀行は競って優秀な職員を大蔵省担当（いわゆるＭＯＦ担）に任命し、ほとんど毎日のように大蔵省に通わせ、情報収集させた。一方大蔵官僚には金融の専門家は余りいなかったので、彼らを通じて銀行実務の情報収集を計った。銀行の中には大蔵省や日銀ＯＢから役員を派遣してもらう例が少なくない。銀行側としてもこれにより金融当局との円滑な関係が期待できるものであり、十分メリットがあったといえる。大蔵省は法律・規則の他に、省令や通達などを通じ、また時には行政指導などを通じて効率的に金融業界を規制してきた。しかし既に世界のフロントランナーとなった日本が、いつまでもこのような反市場的なシステムを続けていくことは不可能である。

またバブル経済崩壊の過程で、別の護送船団の矛盾が露呈した。金融機関の過剰な横並び意識である。前述の証券会社による「損失補塡」事件では、旧四大證券はじめ、中小証券会社に至るまで、大口の顧客に対してのみ損失補塡を行っていた。このことは国内の小口投資家の信用を失っただけではなく、海外投資家の東京市場そのものに対する信用をも失墜させることになった。現在株式市場は長期低迷が続いているが、この問題が影響を与えているのは、間違いない。

三　金融自由化により生ずる法的諸問題

一九九七年一一月には、大規模な金融機関の倒産が相次ぎ、一九九八年一〇月には、二つの長期信用銀行が国営化された。一九九七年一一月には二つの証券会社と同時に、都市銀行が経営破綻した。その原因はバブル期の不良債権である。銀行の過剰な横並び意識の下で、ほとんど何のチェックもなされないまま、その都銀は、ノンバンクや不動産業に対し巨額の融資を重ねていった。問題はバブル経済の風潮の中で何のチェックもなされないまま、融資をし続けた経営陣の責任である。失敗をしても「当局が何とかしてくれる」という旧経営陣のモラルハザードが、十分担保を取らない融資を実行させ、巨額の不良債権を生んだのである。一九九八年その銀行は完全に姿を消したが、特別公的管理銀行として「税金」を使って破綻処理された。なぜ銀行だけが税金を使って救済されるのだろうか。

その後破産管財人らは元頭取を含む旧経営陣に対し、一一〇億円余りの損害賠償を請求するために、提訴した。このように従来多くの銀行経営者には自己責任という概念があまりなく、従業員の延長線という感覚しかなかった。商法上はしかし銀行取締役は、銀行経営者として責任を負担しなければならない。その際例えば融資取引に関して、専門家である銀行取締役は、他の一般事業会社の取締役と同じ商法上の基準で判断されるべきであろうか。

また、金融自由化及びビッグバンが進展すると、今まで生じなかった問題が金融業界で生じる。例えば、銀行から元本保証のないリスク商品が販売されたり、既存の証券・銀行の枠にとらわれない金融商品がインターネットで販売されている。金融商品販売の専門家である金融機関と余り専門知識のない顧客が取引をする場合、契約自由の原則、自己責任のみが貫徹されればいいのだろうか。

このように本書では、金融自由化の進展に伴い生じた「説明義務」、「銀行取締役の注意義務」及び「銀行の破綻処理」の諸問題を、契約法上、会社法上考察したい。その際、なぜこれらの問題が一般則とは別の観点から考慮されなければならないかを明らかにしていきたい。

(1)　二〇〇一年八月現在、周知のように時価主義をその原則とする国際会計基準制度の採用が、企業経営の最重要課題の一つである。

(2)　年功序列、終身雇用、及び企業別組合がそれにあたるとされる。

(3)　周知のように、銀行などではいわゆる同期入社の内一名～二名が取締役となり、残りは子会社や取締先などに出向となる。しかし勤続二五年以上になると、公的年金の他に企業年金の支給を受けることができ、自営業者などより恵まれた引退生活が保障されているといわれてきた。

(4)　商法改正とコーポレートガバナンスに関しては、小島康裕「会社法改正作業の核心―先送りできないコーポレートガバナンスの変革」法学セミナー九七年一二月号四四頁以下参照。

第一章　金融機関の説明義務

問題の背景

現在わが国では、いわゆるバブル経済の崩壊に伴って金融機関と顧客である預金者・投資家の間に紛争が頻発している。様々な金融機関が顧客との間で紛争を生じさせている。特に本章で問題とするのは、金融機関の説明義務である。金融機関が金融商品を顧客に販売・勧誘する際に、当該金融商品のリスクを説明しなかったり、顧客の側が理解をしなかったりした場合に、当該金融商品が予想した成果を上げなかったときに、紛争が生じているものである。

特に現在問題となっている紛争を大まかに分類すると、①保険会社による変額保険販売、②銀行による融資取引に関するもの、そして③証券会社によるワラント販売である。また①は、銀行による融資を伴うものと保険会社単独で販売したものの二種類に分けられる。変額保険に関しては、保険会社が自ら販売するほかに、昭和六一年頃からバブル経済による地価高騰に対する相続税対策として、一時払保険料相当額を提携する銀行から融資を受けて保険を購入するものがある。変額保険の契約者からすると、「銀行の融資額は相続税算定の際に損金として計上でき、相続税はもし契約者が死亡すれば死亡保険金で賄われ、生存していれば満期保険金で対応する。しかも満期保険金は「現在では～%で運用する事が出来る（期待される）」という、非常に魅力的な説明がなされていた。(1)

しかし一九九〇年以降株価が低迷し、変額保険が当初期待された運用をすることが出来ずに、元本割れを多く生じさせた。その結果変額保険の契約者が保険会社に対し損害賠償を請求するという裁判が頻発した。即ち生命保険外務員の勧誘行為について、通常の場合には不法行為があったとして、責任追及をするのが典型的な事例である。また変額保険勧誘の際に銀行員が行った勧誘行為に対しても同様な請求がなされている。

いずれにせよ変額保険のようなリスク商品に関しては、価格が下落した場合のリスクは変額保険の契約者が負うべきものであり、損失の補塡を保険会社や銀行に請求することは自己責任の観点から出来ないはずである。しかしながらそれぞれの判例を検討すると、投資商品である変額保険の商品性を十分説明せずに勧誘した例が少なくなく、顧客が変額保険の商品性を理解しないで契約した例が多いようである。この場合自己責任ということで変額保険の価格下落の責任を、契約者のみに負担させるのは合理的な解決であろうか。

またワラント販売に関しても、証券会社と投資家との間の紛争が頻発している。特にバブル期に初めて株式・証券投資を始めた個人投資家の中には、証券投資経験に乏しく、有価証券投資に伴うリスクに関しても十分理解をしていないものが多い。そこで十分な知識や経験がないまま、証券会社の外務員の情報提供により証券投資を行ったものである。問題が大きかったのは、ワラント取引である。証券投資の中でもワラント取引は特にハイリスク・ハイリターンであり、ワラントの仕組みを理解しないまま投資をした例が多く、ワラントが権利行使期間徒過とともに無権利の「紙屑」となってしまったからである。そのため問屋たる証券会社による投資勧誘に際し、証券会社によりなされる情報提供は、個人投資家の投資判断に極めて大きい影響を与える。従って不適正な投資勧誘は、個々の投資家に被害を与えるだけでなく、証券市場全体にも深刻な影響を与えかねない。

そこで本章では、金融機関と客の間の紛争を①保険会社による変額保険販売、②銀行による融資取引に関するもの、そして③証券会社によるワラント販売の分類で検討した上で、アメリカ及びドイツの法制、判例及び学説を参照としながら、紛争解決の法的手段を検討する。そしてその上で金融機関は金融商品販売に関してどのような義務を負っているのか、なぜそのような義務を負っているのかという問題について一考察を加えることを目的とするものである。

第一節　わが国の問題状況

一　変額保険販売と保険会社の説明義務

1　変額保険販売とその背景

変額保険とは、保険会社が定額保険とは別の特別勘定により、変額保険による資産を主に株式や債券等の有価証券に投資し、その運用成果により保険金額や解約返戻金が変動する仕組みのハイリスク・ハイリターンの商品である。従って生命保険でありながら一面で証券投資信託に類似した性質がある保険商品である。(2)昭和六一年当時は、周知のようにまさにバブル経済が膨張しようとしていた時勢であり、特に大都市の自営業者などを中心とする不動産所有者は地価高騰による相続税支払に対する不安を増大させていた。このような状況の中で銀行借り入れにより賃貸マンションを建設することなどと並んで、銀行から借り入れをして一時払いで変額保険に加入することがマスコミにおいても取り上げられた。(3)

相続税対策として変額保険に加入する場合には、通常以下のような手続がなされる。まず被相続人は、保険会社と変額保険契約を締結する。保険契約者が支払う一時払い保険料について銀行から融資を受け、保証会社あるいは銀行が被相続人の所有する相続財産たる不動産に根抵当権を設定する。借入金利息についても継続的に融資を受けることとするため、根抵当権の極度額は当初の融資額の一・五倍〜二・五倍を設定するケースが多い。(4)

しかし変額保険の運用が当初の予定通りの利率で運用されれば問題はなかったが、周知のようにバブルの崩壊により運用益が予想額を大幅に下回ってしまった。変額保険の解約返戻金が減少し、たとえ解約しても銀行からの借入金の返済が出来ず抵当権の実行が行われる例が少なくない。そのような状況の中で、現在顧客と保険会社・銀行との間の紛争が頻発している。本稿では、保険会社が責任追及された場合と銀行が責任追及された場合の二つに分類して検討する。

2　変額保険訴訟の概要

現在わが国で変額保険に関する訴訟の係属数は約六〇〇件であり、約一〇〇件ほどの判決が言い渡されている。(5) 個別の判例に関しては、三で最高裁判例に関して検討するが、(6) ここでは今まで判決が下された訴訟の手掛かりとして、変額保険に関する訴訟の概要を検討することにしたい。

変額保険に関する訴訟の中には、様々な種類のものがあるが、一番多いのは保険契約者が原告となり、保険会社（代理店及び保険外交員も含む）、銀行及び保証会社の全部又は一部を被告とする訴訟の形式である。しかし変額保険の勧誘方法が具体的事例によりかなり異なるので、全てを画一的に把握するのは困難であるが、ここでは保険契約者が原告である訴訟を取り上げ、その中で被告が①保険会社である場合、②銀行・保証会社である場合に分類して検討する。

(1)　保険会社が被告である場合

この場合には、訴訟は大きく分けて次の三種類がある。一つは、保険契約が錯誤による無効(7)（民法九五条）、公序良俗による無効（民法九〇条）を主張して、不当利得の返還を請求する訴訟である。二つめの分類としては、旧募取法違反、違法な勧誘形態、説明義務違反を理由とする不法行為（民法七〇九条）又は債務不履行を理由とする損害賠償請求（民法四一五条）がある。[8] 三つめとして挙げられるのは、保険会社又は従業員（保険外交員）による元本保証及び利益保証の約定の不履行を理由とする債務不履行請求である。[9]

(2)　銀行（信用保証会社）が被告の場合

銀行（信用保証会社）が被告となる場合、訴訟は大きく分けて二通りの訴訟がある。[10]

一つは、保険料の払込のためになした金銭消費貸借が、錯誤による無効（民法九五条）、公序良俗違反による無効（民法九〇条）を理由に借入金債務不存在確認請求がなされたものである。[11] この場合に、一つのバリエーションとして金銭消費貸借が錯誤等により無効であることを前提にして、根抵当権抹消請求を求めたものもある。[12]

二つ目として挙げられるのは、銀行の説明義務違反・勧誘時の違法行為の有為を理由にする不法行為又は損害賠償による損害賠償である。[13] 本書で問題とするのは、金融機関の説明義務である。従って判決の多岐にわたる論点の中から、説明義務に関連した問題点を中心に検討することにする。

3　変額保険訴訟における説明義務に関する具体的検討

ここでは、被告が保険会社（及び保険外務員）の訴訟において、保険会社の説明義務に関して近時に出された二つの最高裁判例[14]を中心に検討する。この二つの判例は、変額保険訴訟に関して最初に出された最高裁判決であり、保険会社及び保険外務員の「説明義務」に関し、義務違反なし（①事件）、義務違反あり（②事件）というように反対の結論が出されており、「説明義務」に関する最高裁の見解を検討することに対し有益のみならず、「説明義務」自体の検討にも有益であろう。

①事件の第一審[15]は、Xの旧募取法違反の主張を認めた。すなわち、「本件設計書は、株価の暴落などを経て、現実にマイナスの運用になっている保険会社も現れている状況になっていたにもかかわらず、運用実績がマイナスになる場合の例示をしていないのであって、説明書としても万全のものといえないのみならず、単に書面を交付していることのみによって、説明義務が尽くされていると速断することはできない。Aは、銀行預金より利回りがよいとして変額保険を勧め、それが従来の保険と異なり、ハイリスク・ハイリターンの投資商品であり、Yによる株式等の運用実績に応じ解約返戻金が増減し、元本割れもありうることを十分説明しなかっただけでなく、A自身も元本割れの危険など考えていなかったこともあって、運用実績九％の例を中心に高利回りが期待できると誤解させるような説明をしたものであって、Aの本件契約の前記勧誘態様による募集行為には説明義務違反があり、[16]その点に過失もあったと認められるから、右募集行為について不法行為が成立する」とし、そこでXが控訴した。

原審[17]は、Xの請求を棄却した。そこでXが上告した。

最高裁は、「所論の点に関する原審の認定判断は、原判決挙示の証拠関係に照らし、正当として是認することができ、その過程に所論の違法はない。」として上告棄却した。

②事件について、第一審[18]は、次のように判示した。「本件変額保険と本件融資は一体不可分のものとして考察されるべきであり、Y_2及びY_1生命の負う説明義務も通常の変額保険の説明義務と異なるとのXの主張につき、Y_1生命とY_3銀行に本件変額保険の販売につき、業務提携がなされているといった特段の事情があれば格別、そうでなければそのことから直ちに両者を一体の契約と見ることはできない」とした。それを受けて

Y_1Y_2が控訴した。

原審[(19)]は、「(1) Yによる説明義務違反の違法性につき、変額保険についても証券取引法でいう適合性の原則がそのまま適用されるべきか否かはともかく、Xは本件不動産を所有するものの、自宅の土地建物であり、生活に不可欠の資産であって遊休資産ではなく、他に見るべき資産はなかった上、所得は少なかったから、本来変額保険が予定している投資リスクに耐えられる顧客層に属するかどうか疑問があったこと、さらに、Xは、自己資金がないため、銀行から融資を受けて変額保険に加入しようというものであり、かつ利息の支払いについても追加融資を受け、Xの死亡時までに発生する借受金全部を死亡保険金で一括して弁済できるとの前提で、本件変額保険加入を決断したものであり、Y_2はこの事実を知っていたのであるから、このような事実関係のもとにおいては、変額保険募集人たるY_2において、募集時に要請される一般的説明に加え、信義則上少なくとも当時の金利水準、変額保険の運用実績に基づいて検討した場合、Xの右前提事実の判断に錯誤がないかどうか、その判断の基礎となる事実を説明すべき義務があったものというべきであり、」とした。この判決を受けて、Y_1・Y_2が上告した。

最高裁は以下の通り判断し、上告を棄却した。「右事実関係の下においては、上告人らは違法な勧誘行為の結果被上告人が被った被害を賠償すべき義務があるとした原告の判断は、正当として是認することができる。原判決に所論の違法はない」。

本件最高裁の二判決及びそれらの原審には、それぞれの事案ごとの個別事情を超えて、「適合性の原則の適用」等についてその根本的な立場に違いがある。本章第四節で総合的に検討する。

二　融資取引に関する銀行の説明義務

続いて融資取引に際しての銀行の説明義務について検討するが、まず変額保険関連融資に関して銀行の説明義務に関して判例を検討することにする。

1　変額保険関連融資

まず融資を行った銀行の責任を最初に認めた判決である大阪地判堺支部平七年九月八日[20]を検討する。

大阪地裁堺支部は、①保険会社の責任に関し、Bは「変額保検の内容、特にXが投資リスクを負担し、解約返戻金が元本割れしうることを、資料等も用い事例を示しながら、どういう場合にどの程度元本割れの損失が出るかを、銀行利息との関係も含めて具体的に説明した上、Cに質問を促し、最終的にはCに元本割れの損失を具体的に認識できたか、誤解がないかを確認する義務まであった」と認め、Bはこの義務を怠ったと判断した。また②銀行の責任に関し、銀行が顧客に保険の説明をする義務は原則としてないが、保険勧誘への銀行の関係の仕方等によっては、特段の事情のある場合、銀行にも保険の説明ないしそれに類似した行為をとる義務が生じうるとするのが信義則にかなうとし、その上で「本件変額保険に対するAの深い関与の他、XとY_1の関係、Cの本件変額保険加入動機とその認識可能性からすると、本件は特段の事情が認められる場合であり、AにはY_1の一員として変額保険の内容について積極的な説明をする義務はないものの、少なくともBの説明によって、Cが変額保険の内容について誤解している時は、誤解を解くための説明を自らするか、Bに再度の正確な説明を促すべきであるという消極的な説明義務が生じるというべきであり」このような消極的な義務は変額保険の加入を必ずしも促すとはいえないから、生命保険募集人等以外の保険勧誘を禁した保険募集の取締に関する法律九条の趣旨に反しない。」と判示し、Y_2とY_1の共同不法行為を肯定した。

以上が本件の事実概要及び判旨であるが、注目すべき点は銀行に対しても変額保険に関する「消極的説明義務」を認めている点である。判旨によると消極的説明義務とは、「少なくともBの説明によって、Cが変額保険の内容について誤解している時は、誤解を解くための説明を自らするか、Bに再度の正確な説明を促すべきである」という義務であるとしている。

また銀行員の説明義務の内容に関しては、後藤教授によると(21)「説明義務の程度——相手方の具体的理解に関して保険会社の責任を肯定するに際し、本判決は、変額保険の元本割れの危険性に関する相手方の具体的理解を問題としている。このような相手方の具体的理解を基準とする説明義務については、ワラント訴訟の裁判例などではすでに見られるところである。」としている。また説明義務の核心についてはフランスの立場から、「このような説明義務の捉え方が、変額保険訴訟でも認められることを示したものである。わが国ではあまり論じられていないが、十分な説明に基づいて契約締結を決定したのだから、契約上の拘束を受けてもやむを得ないといえるだけの説明をなさなかったことが、説明義務違反の核心と見るべきであり、この意味で、説明義務が尽くされたかどうかは、相手方の具体的な理解を基準として判断されるべきである。また、説明義務は、説明を相手方に理解させるように努める義務を含むと解すべきである。この方面に関する議論が盛んなフランスでは、情報提供義務は、情報を相手方に理解させる義務を含み、この義務は手段債務であるとされている。この点に関する本判決の判断は、正当なものと思われる」としている。ここから、情報提供義務は、相手が理解するまで説明する義務があると理解できないであろうか。

以上の検討から変額保険に関する銀行の責任が認められた事例を考察すると、銀行員が変額保険の加入を積極的かつ執拗に勧誘するなどの事情があった場合に、銀行の不法行為が認められる場合が多いが[22]、具体的に説明義務の内容を規定し、説明義務違反が不法行為となると判示しているのは、大阪地判堺支部平七年九月八日判決のみである。その点で本判決は注目されるべきである。消極的説明義務に関しては第四節で「金融機関の説明義務」として全体的に検討する。

2　一般的融資取引

続いてその他の融資契約一般に関して銀行の説明義務を考えていく。まず次の裁判例が参考になる。ハイリスク・ハイリターンの危険性の高い商品特性を十分に説明して、自己責任の前提となる顧客の理解を得るべき点で変額保険訴訟と同じ性質を持つからである。すなわち外国為替に関する知識・経験がない顧客にインパクトローンの利用を勧め、実行したところ、その後の円の大幅下落によって、顧客に不測の為替差損が生じたという場合に、銀行はインパクトローンの仕組み、市場金利、相場性、為替相場の変動による危険性、その対処策として先物予約を併用する方法があること等を十分に説明してその理解を得るべき信義則上の義務を負担するとして、債務不履行責任による差損分の損害賠償を命じた判決[23]がある。

この点で近時「銀行との間で金融派生商品であるスワップ取引をした顧客に対する銀行の説明義務」に関して高裁判決が出されたので、それを詳しく検討していきたい。説明義務及び本書で問題として検討したい銀行取引における「適合性の原則」について言及している判決であるからである[24]。

第一審は、「Yは本件のようなスワップ取引をするにあたっては、商品の概要及び危険性について、Xがそれを導入するかどうかを判断するに必要な説明をすべき義務があるが、Aは契約締結に際し、Xに対し、右取引が豪ドルと円のスワップを内容とし、為替相場の変動によりXの負担する実質金利が変化することを具体的数字を記載した書面等を示して説明し、Xの国内金利と比較するにはどこをみればよいのかという質問に対しても右書面に基づき口頭で説明しており、Xは確認書に捺印しYにこれを提出しているから、説明義務違反はない」として、Xの請求を棄却した。

この中で説明義務について更に詳しく検討すると、判旨は以下のように述べている。「自己責任の原則は、銀行が顧客に対し、顧客が当該契約を締結することの適否を判断するに当たり必要不可欠な事項を説明して初めて妥当するものといわなければならない。したがって、銀行が、顧客に対し、取引に伴う危険性が大きい金融商品を提供する場合には、当該商品の危険性の周知性が高い場合又は当該顧客が当該商品に精通している場合を除いて、顧客が、銀行との間で、当該商品につき契約を締結するか否かを判断するに当たって、必要不可欠な当該商品の概要及び当該取引に伴う危険性を説明する信義則（民法一条二項）上の義務があるものと解するのが相当である。そして、顧客が、銀行との間で、当該商品につき契約を締結するか否かを判断するに当たって必要不可欠な当該商品の概要及び当該取引に伴う危険性の内容、つまり右の説明義務の範囲及び程度は、当該商品の危険性の周知性の程度、当該事案における顧客の当該商品に対する適合性（顧客の経営状況及び意向、理解力、判断力等）によって定まるもので、右説明義務違反の有無は、銀行が顧客に対してなした説明の内容、その他当該取引の具体的状況を総合考慮して判断すべきであり、…〔中略〕。右説明義務は契約上の信義則に根拠を置くものであるから、(25) 法律上の規定がないことを理由とする被告の主張は理由がない」として原告の訴えを棄却した。

Xは控訴したが、控訴審は以下の理由でXの控訴を棄却した。「本件においては、被控訴人がいう「適合性」が問題になるとしても、これは、原判決の認定判断のとおり、銀行である被控訴人が負うべき説明義務の範囲及び程度を定めるための一つの要素となるにすぎないといわざるを得ない。……〔中略〕。四、アフターケア義務について……控訴人が主張するような措置を商人である銀行が講ずることは、顧客サービスとして望ましいとはいえるとしても、前記のとおり、被控訴人は、危険回避の方法についてあらかじめ説明しているのであるから、控訴人からの相談や働き掛け等が全くなくても、被控訴人側からこれを講ずべき法的義務があるとまでいうことは困難である。」と判示して控訴人の控訴を棄却した。

この事件で注目されるべきは、判決の中で否定されたが、原告が行った主張である。すなわち①銀行取引に対する適合性の原則の適用、②信義則上銀行は説明義務を負っている、③アフターケア義務の三点である。まず第一点に関してであるが、判旨は「被控訴人がいう「適合性」が問題になるとしても、これは、原判決の認定判断のとおり、銀行である被控訴人が負うべき説明義務の範囲及び程度を定めるための一つの要素となるにすぎないといわざるを得ず」としている点である。つまり適合性の原則は、説明義務の範囲及び程度を定めるための一つの要素にはなるという点である。

続いて第二点の「銀行の説明義務」に関してであるが、判決はこれについては説明義務の存在は認めているが、本件事実に基づいては、その義務違反は認められないとしている。そのほかに注目すべき点は、相手方が誤解をしていると考えられる場合に念を押す義務＝消極的義務があるか否かである。

第三点のアフターケア義務に関しては、判旨は「顧客サービスとして望ましいとはいえるとしても、前記のとおり、被控訴人は、危険回避の方法についてあらかじめ説明しているのであるから、控訴人からの相談や働き掛け等が全くなくても、被控訴人側からこれを講ずべき法的義務があるとまでいうことは困難である。」としてこれを否定している。しかし利息を支払い続ける継続的な取引において、問題となった取引の後でもなお当該金融機関と取引を継続している場合に、金融機関の担当者が損失が生じかつ拡大しつつあることを知りながら放置しておいてよいものであろうか。少なくともそのことを認識している場合には、顧客にその事実を伝えることは無理か否か疑問が残る。

この判決だけでなく、一般に為替相場の変動を利用するスワップ、オプション、先物等のデリバティブ（金融派生商品）取引は、金融機関自らが利用することが多かったが、最近は、金融機関と取引先企業との取引が活発となっている。デリバティブ取引は、リスクが大きく、顧客にとってなじみが浅い特殊な金融商品であるため、これにより顧客が損害を被った場合、特に金融機関の説明義務が問題となる。(26) 通常の金銭消費貸借に比べ顧客が被る予期せぬリスクが大きいからである。

このように今後金融ビッグバンの進展に伴い、銀行業務が拡大することが予想されるが、それに伴い銀行の説明義務の範囲が拡大することも予想される。金融機関の金融取引は、その高度な技術性の故に、その種類を問わず、程度の差こそあれ、基本的に取引内容についての説明が必要である。(27) その説明義務の内容についても、本章第四節で検討する。

三　有価証券販売に際しての証券会社の説明義務

1　株式販売時における情報提供と不法行為責任

昭和五〇年代後半から六〇年代にかけて、それまでは機関投資家やいわゆる玄人投資家が中心であった証券市場に、多数の一般大衆投資家が利鞘稼ぎを目的にして証券市場に参加し始めた。しかしそのような投資家は、株式市場を中心とする証券市場においては自己責任が原則とはいえ、一般に証券投資に関する知識が乏しいため投資をするためには何らかの情報提供が必要であった。そのような状況では、個人投資家と比べて圧倒的に情報量で優位に立つ証券会社からの情報提供が、個人投資家の投資決定に際して重要な意味を持つこととなる。

しかしながら資本市場における有価証券の取次を業とする問屋たる証券会社の側には、特に実際に顧客と接するであろう外務員には、この点に関する十分な認識を持たないものが少なくない。そこで株式相場の下落と相俟って、顧客たる個人投資家と証券会社の間の紛争が、いわゆるバブルの崩壊以来急増している。

まず第一に証券会社の従業員である外務員が、株価が上昇するという断定的判断を提供して株式の購入を勧めたことが不法行為に該当するか否かが争われた事件[28]において、原告Xは被告Y_1の従業員で外務員でもあるY_2から「訴外A会社の株式が近く店頭取引から東証二部に上場するが、一〇〇〇株で一〇〇万以上儲かる」という断定的判断を示されてA社の株式購入を勧められた。その後Xは、Y_2の勧めに従いA社の株式を購入した。しかしその後A社は、東証二部に上場されたが、株価は、一時上昇したがその後下落した。そこでXは、Y_2に違法な勧誘行為があったとして不法行為による損害賠償を請求した。以上が本件の事実概要であるが、この事件に関して東京地裁は、当該勧誘行為が不法行為となるか否かは、証券取引法が禁止する不当勧誘行為（証券取引法五〇条一項）にあたるか否かにとどまらず、広く社会通念上外務員に許された勧誘行為を逸脱しているか否かを具体的に判断して不法行為の成立を判断すべきと判示した。

このように現在は、証券会社や商品先物取引会員等による違法勧誘による顧客との間の紛争解決は、昭和四三年判決以来不法行為による解決が中心となってきた。[29]この際に特に着目すべきは、不法行為における「違法性」の要件の認定の際に証券会社や商品先物取引業者に対しその商品の特質に鑑み、商品の説明義務を負わせたと解されるような判決があることである。すなわち神戸地判平成二年二月二二日は、「商品先物取引は、投機性が強く、委託者が不測の損害を被る危険があることに鑑み、取引員としては、この点について委託者の知識、経験、判断能力等を考慮して委託者が判断を誤って取引に加わることのないよう十分配慮して勧誘すべきであり、この配慮を欠く仕方で勧誘したような場合には、行為が違法なものとなり、不法行為を構成するというべきである。」としている。[30]また清水判事は、これについて「要するに業者は顧客が取引の投機性や危険性についての認識・判断を誤らないように配慮する必要がある。」として、[31]業者に顧客の具体的事情を考慮して判断をする義務を認めている。それより更に進んで、商品先物取引の継続的取引に関する判決である京都地判平成元年二月二〇日は、「(商品取引員ないしその使用人である外務員等は、)当該顧客が商品先物取引について自主的・合理的な判断が出来るように必要な知識・情報を提供するとともに、専門家として助言・指導を行い、…(忠実に顧客の真意である)取引の指示に従う等の義務を負うものと解するのが相当である。」として、[32]業者は信義則上顧客に適切な情報を提供する義務を負っていると解している。なおこの信義則説に対する検討及び私見の検討は、本章第四節において総合して行いたい。

2　ワラント取引に関する証券会社の不当勧誘と不法行為責任

近年主に個人投資家と証券会社との間で特に問題となっているのがワラント(新株引受権付社債)取引である。ワラント取引には、本節**1**で検討した継続的な株取引や商品先物取引とは異なり、非継続であり一回性の取引であるという特徴がある。そのため違法性の認定に関して、別の基準で考察しなければならない。いわゆるバブルの崩壊により株価が低迷し、株価が所定の基準価格に達せず、そのため一般投資家は、転換権を行使せず（払い込みをせず）、又はワラントを転売することもできずにそのまま権利行使期間が徒過してしまい、ワラントが紙切れとなってしまい、投資額全額が損失となってしまったという事件が平成二年以来続出したものである。

このような事件に関する一群の判決を幾つか検討すると、不法行為の成立を認めたものと認めないものの二つに大別できる。ワラントの損害を証券会社に請求した事件で最初に出された判決である大阪地裁平成四年六月二二日判決は、「原告の顧客は、従前から被告証券会社との間で株式取引や投資信託の取引を行っており、被告の担当者は、原告に対しワラント取引の仕組みやリスクをよく説明していた」と事実認定した上で、原告の請求を棄却した。

これに対して他方不法行為の成立を認めて、証券会社の責任を認めた判決例も幾つか出ている。例えば東京地裁平成六年二月四日判決は、原告が被告の証券会社の従業員による違法な断定的判断を伴う投資勧誘によりリスクの高いワラントを購入させられたとして、その後無価値になったワラントの購入代金相当分を不法行為により損害賠償請求したものである。裁判所はこれに対し、「従来数一〇〇万程度の株式投資しかしていなかった原告に対し、被告証券会社の従業員がいきなり一千万以上の株式投資を勧め、本件ワラント購入前に全ての取引を整理した上、必ず値上がりするからといって本件ワラントの購入を勧めた」ことを事実認定した上で、証券会社の不法行為の成立を認める判決を下した。しかしこの際に原告には過去に信用取引を含む相当な株式取引があったことを認定した上で、過失相殺の法理を準用し総損害額の八五％を原告の責

任による損害と認めた。(33)

しかし何故証券会社がそのような義務を負担するかについては明確な説明をしていない。またこれら一連の不法行為の成立が認められた事例を検討すると、幾つかの共通項が見つけられる。この場合の原告は個人投資家が多く、しかもそれまであまり証券投資の経験が無い投資家が中心である。なかには、家庭の主婦が原告となっている場合もあり、いずれにせよ経験の浅い個人投資家が原告となっている事例のなかに不法行為の成立を認めたものが多い。

判例の中には債務不履行構成を認めた判決も存在するが、その大半は不法行為構成である。この不法行為の判決を総合すると、確かに取締法規違反で直ちに違法性ありとせず、顧客の投資経験や財政基盤に照らし総合的に違法性の有無を判断するという前述の学説を援用しているといえる。更に継続的な株式取引と比べて、一回性の取引の側面の強いワラント取引の特徴を考慮することがワラント取引を理解するうえで必要である。判決ではその点を考慮して、近年経験の少ない個人投資家に対しては、証券会社の不法行為の成立を認めているものが多くなっているともいえる。

3　証券会社の投資勧誘と説明義務に関する学説の展開

証券会社による投資勧誘の一貫としての説明義務と、銀行融資や変額保険勧誘における決定的な違いは、適合性の原則や断定的判断の提供が証券取引法・政令・業界団体の自主ルール等により明文で禁止されていることである。証券会社による投資勧誘を考えるには、この点を注意する必要がある。

証券会社は、どのような内容の義務を負っていると考えるべきであろうか。山下教授はこの点に関し、このような債務の内容は、「適当な時点で適切な助言を投資家に与える義務」と主張している。[34] 私見によれば更に「顧客の当該投資に対する経験、資力、知識及び能力などを総合的に判断したうえで、適切な助言を与える義務」と解する。しかし解釈論的に我が国の制定法上何故このような義務が証券会社に課せられねばならないのであろうか。この問題に関して判例のなかには、信義則を理由とするものがある。この問題についても本章第四節で総合的に具体的な検討を行うこととする。

しかも今日の証券取引においては証券理論は高度に専門化されており、一般投資家には理解しにくいほど高度化されている。そのため特に個人投資家が証券会社の情報に頼る必然性はかなり高いといえる。そう考えると証券取引において専門家たる証券会社は、その市場における問屋たる性質から顧客に対して適切な情報を与える義務を有していると考えるべきではないか。そう考えると制定法上の法的根拠という従前の疑問に再び行き当たることになる。

しかしその点についてわが国の学説は十分な議論が尽くされているとはいえない。そこでわが国の金融機関説明義務を議論するために、まず第二節及び第三節において米国における情報開示義務及びドイツにおける説明義務に関する議論を参考にする。その上で第四章で総合的に金融機関の助言義務並びにその法的根拠について検討する。

（1）「変額保険　大蔵直轄銀行の〝犯罪〟」週刊東洋経済一九九六年一月二七日三二頁以下。
（2）関沢・市原「変額保険訴訟の背景と論点」金融法務事情一四六五号七頁以下にも同様の指摘がある。
（3）関沢・市原・前掲論文八頁以下参照。
（4）関沢・市原・前掲論文九頁参照。

（5）「変額保険　大蔵直轄銀行の〝犯罪〟」週刊東洋経済一九九六年一月二七日三二頁以下参照。

（6）最判平八年九月二六日金融法務事情一四六九号四九頁、及び最判平八年一〇月二八日金融法務事情一四六九号四九頁。募集人の説明義務につき最高裁が積極・消極の判断を下した初めての判決である。後ほど詳しく検討する。

（7）多くの判例があるが、ここでは東京地判平六年五月三〇日（金融法務事情一三九〇号三九頁以下）を指摘するにとどめる。なおこの件に関しては、大村敦志「変額生命保険契約締結の際の虚偽の説明による誤信と要素の錯誤」金融法務事情一四二八号六八頁以下参照。

（8）東京地判平成五年六月三〇日・金融法務事情一三七七号三二頁。なお本件の控訴審については、東京高判平六年一月二七日・金融法務事情一三八一号三〇頁参照。なおこの分類の判決も数多く存在する。

（9）大阪地判平六年七月六日・金融法務事情一三九七号四八頁。

（10）関沢・市原・前掲論文は、三種類に分類している。

（11）東京地判平八年三月二五日・判例時報一五七二号七五頁他。

（12）東京地判平八年七月三〇日・金融法務事情一四六五号九〇頁。いわゆる「千葉銀行事件」として知られているものである。

（13）富山地判平八年六月一九日・金融法務事情一四六五号一一〇頁。いわゆる「北陸銀行事件」として知られているものである。

（14）①最判平八年九月二六日・金融法務事情一五六九号四九頁及び②最判平八年一〇月二八日金融法務事情一五六九号四九頁である。以下①事件及び②事件と略記する。

（15）大阪地判平六年七月六日・金融法務事情一三九七号四八頁。

（16）下線は筆者の判断である。なお何故保険会社が法的に説明義務を負うかについては言及されていない。

（17）大阪高判平七年二月二八日・金融法務事情一四二〇号三四頁。

(18) 東京地判平七年三月二四日・金融法務事情一四三〇号七二頁。
(19) 東京高判平八年一月三〇日・金融法務事情一四六九号五二頁。
(20) 金融商事判例九七八号三五頁及び金融法務事情一四三二号三五頁。
(21) 後藤助教授は、本件判例評釈の中で、相手方の具体的理解を基準とすべきであると述べている。後藤巻則「変額保険の勧誘と保険会社・銀行の説明義務」ジュリスト一〇八七号一四二頁以下参照。
(22) 小沢・平澤・松本・峯崎「〈座談会〉変額保険銀行敗訴判決を論ず」金融法務事情一四六五号四〇頁以下参照。現在まで（一九九七年八月）銀行が責任追及された判決は四件存するが、例えば前述の北陸銀行事件（富山地判平八年六月一九日）は、「銀行の支店長の勧誘行為は募取法違反であるから、即民事上の違法性ありとなり、不法行為が成立する」としている。
(23) 大阪地判昭和六二年二月二九日判例時報一二三八号一〇五頁。
(24) 仙台高裁平九年二月二八日金融・商事判例一〇二一号二〇頁。
(25) いずれも傍線部は筆者の判断による。
(26) デリバティブ取引の種類に応じて、説明義務の内容が異なる。矢部和紀「デリバティブ取引の説明義務」松本恒雄監修『銀行取引と説明義務』（一九九七年）一七〇頁以下参照。
(27) 川村正幸「銀行の業務拡大と金融商品説明義務」一橋論叢第一一八巻一号一頁以下参照。川村教授も同様のことを述べておられる。
(28) 東京地判平五年五月二五日判例タイムズ八五一号二六五頁。
(29) 清水・前掲論文・判例タイムズ八五三号二四頁以下に、その後の不法行為成立が争われた判例の検討がなされている。
(30) 判例タイムズ七三三号一三六頁以下。
(31) 清水・前掲論文・判例タイムズ八五三号二八頁。

(32)　判例時報一三二三号一〇〇頁以下。なお傍線部は筆者の判断による。
(33)　判例タイムズ八四一号二七一頁以下。
(34)　山下友信「証券会社の投資勧誘」証券取引法体系（昭和六一年）三四一頁以下参照。

第二節　米国における金融機関による情報開示義務と適合性の原則

一　銀行の貸手責任と情報開示義務

1　貸手責任理論と信認義務

米国において一九八〇年代中頃からいわゆる貸手責任論（Lender's Liability）呼ばれる法理が台頭してきた。[1] また八〇年代中頃から、借り手から訴えられた銀行が敗訴する例が目立つようになってきた。しかし同年代の終わり頃から第一審で銀行が敗訴しても控訴審で銀行が逆転勝訴する例が増えてきた。しかしわが国における評価では、貸手責任法理という独立の法理は存在しなかったとする見解があり、[2] いずれにせよ一九九〇年代にはいると貸手責任理論が活発に論じられることはあまりなくなり、専ら環境法との関連で論じられてきた。しかしこの傾向は一時的なものであり、いずれは消費者保護を背景とした貸手責任理論が復活するだろうとする見解もあり、[3] 今後が注目される。

米国の金融機関の貸手責任理論は、複数の法理から成り立っているが、大きく分類すると①制定法による貸手の責任と②コモンローによる貸手の責任に分類される。[4]

制定法上の貸手責任の法理は以下のものである。すなわち環境法、[5] 証券取引法・証券取引所法、[6] 事業に対する犯罪組織等への浸透に対する取締に関する法律（RICO）、[7] 銀行倒産法、税法等が挙げられる。しかしながら制定法による貸手責任理論の検討はここでは行わない。なぜなら制定法に基づく責任は、それぞれ個別の制定法によって規定されている特別の文言の解釈として貸手責任論が議論されているので、(8) 同様な制定法を欠くわが国の法制度上は、立法論以外はあまり参考にならないために、本稿の主題である金融機関の説明義務という観点からは外れるものであるからである。

連邦法上のコモンローの原則による理論には、契約違反、信認義務（fiduciary duty）違反、信義誠実義務違反（Breach of Covenant of Good Faith and Fair Dealing）、詐欺及び強迫（Fraud and Duress）、不実表示（Misrepresentation）義務違反、開示義務違反（Prima Facie）、銀行による契約又は商取引に対する不法行為的な干渉（Tortious Interference with Contract and Business Relations）及び情報開示義務違反（liability for Nondisclosure）等が挙げられる。この中で本書における検討に対して関連性があると思われるのは、①信義誠実義務違反、②信認義務違反及び③情報開示義務違反である。この他に州のコモンローが根拠とされるので、州による独自のコモンローが根拠とされる可能性があるので、独自の法理が存在しうる。しかし以下では判例法の積み重ねがある連邦法に関して検討する。

まず信義誠実義務違反に関して検討する。米国の統一商事法典（UCC）は、「本法の適用になる契約及び本法に基づく義務は、その履行と強制において誠実義務（obligation of good faith）を課す。」としている。(9) また同様に契約リステイトメント二版二〇五条は、「全ての契約はその履行と強制において各当事者に誠実と公正な取引の義務を課す」としている。従来の通説的な見解によると、「信義誠実義務は契約で合意された内容の履行及び強制においてのみ問題となるのであり、信義誠実の原則で合意された契約内容を変更することは出来ない」とされていたものである。しかしKMC判決(10)において、「契約を終了させる場合にも誠実の原則に従い事前の通知をする義務があり、銀行が請求すればすぐに契約を終了させられるという条項に従い、通知せずに契約終了させた場合には、UCC §2-309にいう通知義務違反であり、それだけで十分に誠実義務違反となる」とされ、銀行に対する信義誠実義務原則適用を拡大しようとした。しかしその後のShaughnessy判決[11]では、貸手であるマークトウェイン国立銀行が事前に融資終了の通知をしなかったことが不誠実を構成しないとされた。その後の判決を見てもこのような傾向は続いているといえ、銀行に対する誠実義務原則の適用拡大は、決定的な傾向とはいえない。このことから検討すると、金融機関に対する信義誠実義務の適用領域が、契約上の義務の履行及び強制に限定されており、契約内容を変更することにまで認められたとは言い難い。従って信義誠実義務から説明義務を導くことは論理的に困難である。

次に信認義務に関して検討する。通常消費貸借における貸手（金融機関）と借手の間には単純な独立当事者関係（arm's length relationship）が支配し、市場の道徳（Market Moral）以上の義務は貸手に対しては要求されないとされてきた。従って契約当事者間には、それ以上の信認関係は発生しない、とされてきた[12]。そのため貸手に対してそれ以上の信認義務を課すためには、特別の事情（Special Circumstances, Special Relations）が必要である[13]。

特別の事情とは、①借手が貸手に特別の信頼を置いていた、②借手が貸手から助言を得ており借手がそれに依存していた、③貸手が借手に優越的立場（superiority）又は支配力（Domination and Control）を得ていた場合である[14]。信認関係がいったん認められると、①守秘義務、②情報開示義務、③借手の最大利益のために行動する義務（Best Interest of Borrower）の為に行動する義務が生まれる。この「特別の事情」理論により、銀行は信認義務を負うという考え方もあるが[15]、米国の判例は特別の事情が何なのかを明確にしていないと思われる。しかしこの議論は、我が国における金融機関による説明義務の議論に参照することが可能である。なぜなら金融取引に関して、個人顧客に対して金融機関が圧倒的に豊富な情報量を持つという現状から鑑みると、顧客は貸手である金融機関の情報に頼らざるを得ないからである。従って前述の要件の②に該当し、従って情報開示義務及び借り手の最大利益のために行動をする義務が導き出され、金融機関に顧客の事情に最も適合する情報を提供する義務を有するという帰結が演繹可能であるからである。

次に信認義務とは直接一致しないが、内容的に金融機関は高度な注意義務を負うというのが「公共性(Public Interest)の理論」である。金融機関の公共性・専門性・圧倒的な情報量を鑑みると、金融機関は顧客や一般大衆に対して特別に高度な注意義務を負うという考え方である。[16] 判例でこの考え方に言及しているのは、ジャック対ファースト・ナショナル銀行事件(Jacques v. First Nat'l Bank)事件である。[17] 判決は次のように述べている。「銀行が存在するのは、多くの一般公衆(Enormous Public)から寄託された資金を使って業務を行っている為である。公衆が銀行に資金を預ける場合一方的に銀行に依存している。更に融資の提供に関していえば、当該地域(Community)で銀行がほぼ独占的な地位を占めている。」として、銀行の注意義務の源は、公共性であるとした。更に他の経済関係不法行為法(Business Tort)における医師や弁護士等の専門家責任と同様、銀行という職業の持つ公共性という説明もされている。銀行はたとえ取引に未だ入らない顧客に対しても注意義務を負うとする点は非常に興味深い。

2　情報開示理論に関する法理

金融機関の説明義務に関連するのが、この情報開示理論である。米国でも原則として取引当事者間には、必要以上の取引に関する情報を公開する義務はない。しかしながら銀行が信認義務を負う場合及び先行行為により情報開示義務を負う場合があり得る。理論的には、銀行が情報開示義務を負う場合に、故意又は過失により銀行がその情報を開示しない場合には、不法行為を構成する可能性がある。

ラグランド対スタツックナショナル銀行事件（Ragland v. Stutuck Nat'l Bank）[18]は、銀行の情報開示義務を巡って問題となった事件である。事実概要は以下の通りである。原告であるラグランド氏は、牧草栽培業を営んでいた。その取引銀行であるスタツックナショナル銀行は、フェルグソン氏と牧草を取り引きしようとしたラグランド氏からフェルグソン氏に関する信用照会があった。銀行はその照会に対して、「フェルグソン氏はよい顧客であり、…中略。フェルグソン氏を受益者とする信用状（Letter of Credit）もある。」と解答した。しかし実際はフェルグソン氏は債務不履行寸前であり、信用状というのも実際は単なる融資予定書（Loan Document）にすぎなかった。銀行からの回答を信じたラグランド氏は、フェルグソン氏が経営する企業と長期契約を締結したその日に、フェルグソン氏は従業員の給与に対して横領（misappropriate）したとして、ＦＢＩに逮捕された。第一審における陪審の認定は、「銀行が自己の債権の回収をはかるために、虚偽の情報を開示した。」であった。これによると銀行は、「詐欺（Fraud）[19]及び過失による不実表示（negligent Misrepresentation）の両方に該当する。」とされた。

この判決の中で総論として重要なのは、「銀行はその職務上顧客に対する情報に関して有利な（superior）立場にあり、…一度銀行が信用照会を受諾した以上は、正確に情報開示をする義務を負い、情報の受領者が合理的にその情報を信頼した場合には、銀行は自らが事実と異なる情報を発信した責任を負う。」という点である。

そこで一般論として契約関係等に入る若しくは入ろうとした場合に、一定の先行行為等により、情報開示義務を負い、その結果情報を公開しないことが不法行為を構成するか否かに関して、不法行為リステイトメント（第二版）五五一条「情報不開示責任（Liability for Non Disclosure）」が参考になる。[20]

第五五一条②項

商取引の当事者は、取引が行われる前に相手方に対し合理的な配慮（Reasonable Care）をもって以下の情報を開示する義務を負う。

(a)　一方当事者が知っている情報で、信認義務（例えば貸手と借手の情報収集力と判断力の大きな格差により、あるいは貸手の活動に関係して借手の相談に応じてきた等の理由により、借手が貸手に対して特別の信頼を置いている場合、または貸手が借手の特別の信頼を強く勧誘した場合等）[21]関係若しくはそれに準ずる関係又は当事者間における信頼関係（Confidence）により、他方当事者に知る権利が付与された場合の情報。

(b)　一方当事者が知っている情報で、事実に対する部分的またははっきりしない表明をしたために、相手方が誤解を招く（misleading）可能性がある場合、その誤解を解く情報。

(c)　当事者が事後に（subsequently）知った情報が、当該当事者が事実を説明したときには真実または真実であると信じられていた説明が、虚偽（untrue）又は誤解を招くものであることを明らかにした場合、その事後に知った情報。

前述の米国のリステイトメントによると、以上のような情報開示義務が生ずるが、開示義務違反の場合に不法行為が成立する可能性がある。このような事例がわが国の銀行取引において、銀行自身が知っていた情報を顧客に告げないで、そのことにより顧客が損害を被ったような事件、例えばいわゆる原野商法において販売業者に販売業者と提携して実際の不動産の価格を知っている銀行が購入資金の融資を行った事例[22]及び銀行が倒産寸前の建設業者を紹介した事例[23]に対しては法的示唆が得られる。銀行に情報開示義務がある場合に情報開示を行わない銀行は、不法行為責任を追及される可能性があるからである。

また前述の検討が、変額保険関連融資やインパクトローン[24]のような金融商品に対する説明義務に関しては応用できないという指摘があるが[25]、例えば「(a)貸手と借手の情報収集力と判断力の大きな格差により、あるいは貸手の活動に関係して借手の相談に応じてきた等の理由により、借手が貸手に対して特別の信頼を置いている場合、または貸手が借手の特別の信頼を強く勧誘した場合等のように当事者間に信認義務関係が成立している場合、その間の関係により他方当事者に知る権利が付与されている場合」という文言があるが、これからも金融市場において金融機関と顧客との間の情報量の差を鑑みると、信認義務を仲介として銀行に情報開示義務が生じると解することが出来る。すると銀行などの金融機関には、情報量の格差から情報を公開する義務を負うという解釈が可能となるのではないか。この点に関しては第四節で総合的に検討する。

二　ブローカー・ディーラーによる不当な投資勧誘と適合性の原則

1　不当な投資勧誘

続いて、米国における証券会社のブローカー業務と説明義務に関して検討する。ブローカー・ディーラー(Broker-Dealer) による不当な投資勧誘（特に詐欺）は、コモン・ロー、および衡平法（特に信任義務違反）、州のブルー・スカイ法の法規制に服するが、それ以上に大きな役割を果たすのは連邦証券諸法による規制である[26]。そこでの規制は、具体的には、一連の詐欺禁止規定と、自主規制機関による規制とから構成される。

詐欺禁止規定として、まず一九三四年証券取引所法（Securities Exchange Act）一五条c項一号は、ブローカー・ディーラーが証券取引所以外での、州際通商の手段による技巧的、又は詐欺的な計略または企図（Manipulative, Deceptive or other fraudulent Device or Contrivance）の手段により証券の売付け、買付けをなし、またはその勧誘をなし、若しくはなさんとすることを禁止する。そして、ＳＥＣは、本号の目的のために技巧的、欺罔的またはその他詐欺的である計略または企図を定義する規則およびレギュレーションを制定すべきものとされる。

この証券取引所法一五条ｃ項一号は、ブローカー・ディーラーの詐欺禁止に関する特別規定であるが、ブローカー・ディーラーによる投資勧誘については、一般的詐欺禁止規定である証券取引所法一〇条ｂ項ならびに同規則一〇ｂ―五（Rule 10b-5）、および一九三三年証券法一七条ａ項も、しばしば証券取引所法一五条ｃ項一号と重畳的に適用されている。(27) これらの詐欺禁止規定の違反は、ＳＥＣによるブローカー・ディーラーおよびその使用人（セールスマンなど）に対する懲戒的行政処分、罰則の対象となるほか、民事責任を生ぜしめる。詐欺禁止規定は、証券取引所法一五条ｃ項一号に基づく一連の規則は別として、きわめて抽象的な規定の仕方をとっており、その具体化は、ＳＥＣによる運用とともに判例法の展開に委ねられる。その うちで、特に重要な意味をもつのは、看板理論（Shingle　Theory）と、及び具体的発現とみられる(28)過当取引（Churning）についての法理の発展である。

投資勧誘は、さらに各種自主規制機関の規則により規制される。(29) まず、証券取引所法一五Ａ条ｂ項六号に基づき、全米証券業協会（ＮＡＳＤ）は、公正慣習規則（Rules of Fair Practice）を定めている。その中で投資勧誘に関して最も重要な意味を有するのはいわゆる適合性（Suitability）の原則を定める右規則三章二条である。(30) この適合性の原則は、また、証券取引所法六条ｂ項五号に基づいて制定される証券取引所規則にも見出される（ニューヨーク証券取引所規則四〇五条など）。なお、適合性の原則は、自主規制機関の規則のみならず若干のＳＥＣの規則にも見出される。適合性の原則は、詐欺禁止以上のレベルでブローカー・ディーラーの投資勧誘を規制するという目的を持つ。問題は、適合性の原則がブローカー・ディーラーの民事責任を考える場合にどのような意味を持つかということである。これらを最後に検討する。

2　看板理論及び過当取引

一九七〇年代以降米国では、証券諸法上の詐欺禁止規定の解釈として、ブローカー・ディーラーは、自己が推奨する証券に関して、十分な推奨の根拠を有していなければならないという看板理論が形成されてきた。(31)看板理論の発端は、ディーラーが顧客に対し、ある証券をその市場価格を大幅に超える価格で売り付けたというケースにおいて、ブローカー・ディーラーは、ブローカー・ディーラーとしての看板を掲げることにより、顧客に対し公正かつ適正に取引をなすことを黙示に表示するものであり、当該ケースのごとき大幅な値ざやを付して売り付けることは連邦証券諸法上の詐欺に当たるとしたＳＥＣの行政処分およびそれを肯定した判例である。この看板理論を、ブローカーディーラーは推奨に関して相当の根拠を有していなければならないという原則が明確にされたのは、ボイラー・ルーム（Boiler Room）とよばれる販売方法に関してである。(32)この場合、セールスマンにはブローカー・ディーラーより不十分な売らんがための情報が提供されるにすぎない。ＳＥＣによる懲戒処分の効力を争う行政訴訟において、裁判所は、「ボイラー・ルームのセールスマンは、ブローカーにより供された意見及びパンフレット以外の知識を有しておらず、それを公衆にもたらす前に、その正確性をチェック、調査ないしは確認しない場合には、自己の義務を充足するものではな

い」と判示したのである。(33)

このようにして拡張された看板理論は、さらにボイラー・ルームではないケースにおいても適用されるに至った。SECのそのような運用は、Hanley v. SEC 事件(34)によって判例法上も認められた。これは、店頭証券の売付けに関連したセールスマンに対するSECの懲戒処分について争う訴訟である。裁判所は次のように判示した。「彼らは推奨について十分かつ合理的な根拠があるのでなければ証券を推奨することはできない。彼は自己が知っている事実及び合理的に確定されうる事実を開示しなければならない。…〔中略〕。セールスマンが証券についての本質的情報を欠くときには、そのこと並びに情報の欠如から生ずるリスクを開示すべきである。」「セールスマンは会社に関する情報について発行者に盲目的に依拠してはならない。最近設立された小規模会社により発行された証券は、明らかにより徹底した調査を必要とする。」この事件によりブローカー・ディーラー及びそのセールスマンは、証券の価値の判断にとって重要な情報について知らなかったという場合にも詐欺禁止規定に違反するものとされるようになった。(35)欺罔の意思を必要としないのである。その意味では、ブローカー・ディーラーに高度の義務を課すものといえるが、合理的調査を尽くさないでなされた推奨により直ちに民事責任が発生することにはならない。(36)損害賠償責任の発生には詐欺をする意思（Sceienter）の存在を必要とするというのが、規則一〇b―五をめぐる判例法であるからである。

また顧客の信頼あるいは無知に乗じて、ブローカー・ディーラーは、もっぱらあるいは主として手数料等自已の利益を得るために、顧客の口座の性格に照らして量および頻度において過大である取引を誘引し、かつこれを実行する過当取引（Churning）については、証券取引所法規則一五c一―七が、ブローカー・ディーラーに裁量権限（Discretionary Power）が与えられている場合について詐欺的行為として禁止している。(37) この規則は、いわゆる売買一任勘定（Discretionary Account）に関するものであるが、過当取引の弊害は、形式的に売買一任勘定が設定されていない場合にも見出される。ブローカー・ディラーの過当取引に基づく民事責任の有無が裁判所において争われることは一九六〇年代終りまではほとんどなかった。しかし一九六〇年代の終り以来民事責任を追及する訴訟がみられるようになり、今日では過当取引に関する民事責任についての判例法が定着しようとしている。(38) 判例は、一般的に以下の要件のもとにブローカー・ディーラーの責任を認める。(39) ①ブローカー・ディーラーが口座における取引について事実上のコントロールを行使していること。②口座における取引が口座の性格に照らして過大であること。③ブローカーディーラーが、詐欺を行う意思をもって、または顧客の利益を故意もしくは無謀に（reckless）無視して行為すること。この一般原則の形式的根拠は、証券取引所法一〇条b項および同規則一〇b―五、同法一五条c項一号および同規則一五c―二、証券法一七条a項であり、これらの諸規定が重畳的に適用法令とされるのが一般である。このように過当取引に基づく責任は、連邦証券諸法上の責任であるが、コモン・ロー上の詐欺、または信任義務違反を理由としても責任は発生しうる。多くの訴訟では、連邦証券諸法上の詐欺禁止規定違反とコモン・ロー上の詐欺、あるいは信任義務違反が重畳的に主張される。このことの目的は、主として、後述のように懲罰的損害賠償（Punitive Damage）を請求することにある連邦証券法上は懲罰的損害暗償の請求は認められない。

取引の過当性については、取引が過当か否かを判断する場合には、多くのケースにおいて、ターン・オーバー比率の大小、買入れ証券の平均的保有期間、同一証券の出し入れ取引（in and out Trading）の存否、報酬の額などが総合的に考慮される。(40) ここにおいて後述の適合性の原則の考え方を組み込むことが必要となってくるのである。もしある取引が、過当取引ということになれば詐欺として扱われるので、適合性原則違反が民事責任の根拠となるとされている。

3　米国における適合性の原則の展開

適合性の原則は、まず各種自主規制機関の規則において規定される。[41] すなわち、全米証券業協会（ＮＡＳＤ）の公正慣習規則（Rules of Fair Practice）三章二条は、顧客に対して証券の買付け、売付けまたは交換を推奨する場合には、会員は、もしあれば、当該顧客により、その者の他の証券保有および財産状況ならびに必要性に関して開示された事実に基づき、推奨が当該顧客のために適合していると信ずるにつき相当の理由を有していなければならないと規定する。また、ニューヨーク証券取引所（ＮＹＳＥ）規則四〇五条は、各会員は、各顧客、各注文、当該会員により受諾されまたは保有されている各現金または証拠金口座および各会員により受諾されまたは保有されている口座についての代理権を保有する者に関して重要な事実を知るために適正な注意（Due Diligence）を尽くすことを求められると規定する。他の証券取引所でも同様の規則が定められている。これらの適合性の原則を規定するといわれる各規定をみると、文言のうえからだけでも必ずしも同一内容ではない。すなわち、ＮＡＳＤ規則では、文言上はブローカー・ディーラーが顧客の投資目的等積極的に調査することまでは要求していないのに対し、ＮＹＳＥ規則ではそのような調査を要求している。加うるに、適合性の内容ないしは基準というものはこれらの規定の文言上必ずしもはっきりしない。このようにアメリカでは、さらに、各自主規制機関の定める適合性の原則に違反したことによりブローカーディーラーの民事責任が発生するかということが大きな問題となっている。これは、自主規制機関の規則違

反により民事責任が認められるかという一般的問題の一環でもある。(42)

この問題について判示するものとして、(43)まず、Buttrey v. Merill Lynch, Pierce, Fenner & Smith, Inc(44)がある。倒産した個人ブローカーが単独株主となってブローカー会社を設立したが、それも破産した。破産に先立ち、Aはブローカー会社の顧客の預り資産を、詐欺的に、ブローカー会社名義での被告を通じての投機的取引に回しており、破産会社に損害を与えた。このような事実関係のもとで、破産管財人が、NASD、NYSEの適合性原則に関する各規則違反などにより被告を訴えた。被告は、ブローカー会社名義での取引に際して、原告は取引までにブローカー会社の事情を調べるべきであったというのである。判決は、「主張されている規則違反が直ちに訴求可能ではない、被告による単なる判断の誤りは連邦法上の請求原因を支持しない、しかし、本件で主張されている事実は破産者の顧客に対する詐欺に匹敵し（tantamount to Fraud）民事責任を生ぜしめる」とした。しかし、「詐欺に匹敵する」という基準は、次のRolf v. Blyth Eastman Dillon & Co., Inc(45)により受け継がれた。事案は次のようなものである。かなり活発な投資経験のある医師が、被告ブローカー会社の紹介により某投資顧問と投資顧問契約を締結したところ、投資顧問が次第に投機的な運用をなし、さらには自己の相場操縦にも医師の所有株式を活用して、損害を与えた。ブローカー会杜の代表者（これも被告）は、当初は自己自身でも推奨をなしていたが、途中からは投資顧問のなす推奨に従い医師のために取引を執行していたにすぎない。判決は、このような事実関係のもとで、まず過当取引についての責任は否定したが、適合性原則に関する規則違反については、ブローカーの規則違反が詐欺に匹敵する場合には民事責任が発生するとしたうえ、「本件においてこの基準に合致するということは、違反が原告に対し詐欺として作用し、かつ被告が詐欺による悪意により行為したことを意味するであろう」とする。そして、詐欺の認められる根拠として、ブローカー会社の代表者は、原告の投資意図を知らず、投資顧問を紹介するときにどのようなタイプの投資家かを知らなかったこと、また、投資顧問の詐欺的な運用を知りながら、あるいは無謀に無視して、原告に何らの注意も与えなかったことをあげる。このことから我が国では、アメリカにおいて適合性の原則違反により民事責任が追求できるかという点については明らかでないとされている。(46)

（1）Sahadi v. Continental Ill. National Bank & Trust co. 706 F. 2d 193 (7th cir. 1983) など

（2）柏木昇「アメリカのレンダー・ライアビリティと日本法への示唆」金融法研究一三号一四六頁以下参照。なお国生和彦「レンダー・ライアビリティとは何なのか（上）（下）」銀行法務二一五二四号一七頁、五二六号二〇頁も同様の主張をしている。

（3）Cf. Cappello. A. B., Komoroske. F. E., '*Do Californian Trends Indicate Snowballing Conservatism in Banking Law?*' "Banking Law Review" (Vol 4, No. 4). 同論文によると、米国ではレーガン政権以降最高裁判事が保守派に偏り、政治や司法の保守化が貸手責任の後退につながっていると指摘する。

（4）楠くに代『金融機関の貸手責任と消費者保護』（一九九五年）三七頁以下参照。

（5）ここでいう環境法とは、包括的環境対処・保障・責任法（Comprehensive Environmental Response, Compensition and Liability Act）及び司法一九八六年修正法の二つを指す。通常この二つをさしてスーパーファンド法（Superfund Act）と呼ばれる。同法の目的は、環境や健康に悪影響を与える有害物質の除去及び天然資源の損傷に対する損害賠償の二つである。

（6）証券法（Securities Act of 1933）及び証券取引所法（Securities Exchange Act of 1934）はともに連邦法であり、証券取引規制の中心となるものである。証券取引により損害を受けたものは、これらの連邦法により損害賠償を請求することが出来る。例えば証券法一一条は届出書に虚偽記載があったときの損害賠償責任について規定してあり、証券法一二条は「虚偽の目論見書その他の投資勧誘資料を用いて証券を取得させたもの」

にも民事的責任を課している。

（7） Racketeer Influenced and Corrupt Organization Act of 1970 の略称であり、組織犯罪統制法第Ⅸ編として一九七〇年に制定された連邦法である。

（8） 制定法に基づく責任に関する判例学説の検討は、楠本・前掲書六六頁—七五頁参照のこと。

（9） Cf. UCC [Uniform Commercial Code] § 1-203

（10） Cf. M. C. Co. Inc., vs Irving Trust Co. 757 F. 2d 752 (6th Cir. 1985) Lexis 29638

本件は、合衆国第六巡回裁判所の一九八五年判決であり、テネシー東部地区第一審連邦裁判所で下された判決に対する控訴審である。本件は貸付限度額を巡る事件である。借り手であるKMC会社は、被告であるアービングトラスト社（銀行）と売掛債権を担保とする三五〇万ドルを上限とする貸付契約を締結した。一九八二年三月までにKMC社は二七〇万ドルを借りていたが一方で同社の資金繰りは苦しくなっていった。そこでKMC社は更に八〇万ドルの借り入れを申し入れた。その際担保は確保されていた。しかし銀行は融資を拒否し、直後にKMC社は倒産した。KMC社は誠実義務違反で銀行（持株会社）を訴えた。

第一審で陪審（jury）により七五〇万ドルの支払いを命じた。被告側が控訴し、本件控訴審は陪審の評決を支持する判決を下した。

控訴審の判決の争点は、貸手は不誠実に融資を拒否したか否かである。裁判所は不誠実に融資を拒否したのではないが、事前に融資を打ちきる旨を通知をしなかったのは、誠実義務違反であるとして以下のように述べた。「……KMC社が営業を処分するためにも一定の時間は必要であった。もしアービング社がKMC社に三〇日、七日あるいは四八時間前にでさえ、融資をしない旨の通知をしていたら、判決は異なっていただろう」。

（11） Shaughnessy vs. Mark Twain State Bank　715 S. W. 2d 944 (Mo. Ct. App. 1986)

（12） Cf. Bloom. Andrea, *Lender Liability : Practice and Prevention* (1989). p. 8-9.

（13） Cf. Bloom, *op. cit.*, p. 9.

(14) 柏木教授は何が「特別事情」かは未だ不明であるとする。柏木・前掲論文一四九頁参照。

(15) 楠本くに代「米国レンダーライアビリティ判例の特徴と最近の動向」長尾治助編『レンダーライアビリティ』（一九九六年）三六頁以下参照。

(16) Cf. Bloom, *op. cit.*, p. 7-8.

(17) Jacques v. First Nat't Bank　515 A. 2d 756 (307 Md. 527). 本件は、原告であるジャックスが住宅購入の際に、ファーストナショナル銀行から融資をしてもらおうと申込をした。しかし同銀行は原告であるジャックスへの与信可能額算定を誤り、その結果ジャックスは十分な額の融資を受けられず、他の高金利の融資を受けざるを得なかった。そこでジャックスは不法行為を理由に損害賠償請求したのが本件である。メリーランド州控訴裁判所は、銀行に対したとえ取引にはいる前で申込をしただけの顧客に対しても、注意義務を負うとし、その根拠は銀行の公共性にあるとしたのが本件である。

(18) Ragland v. Stutuck Nat'l Bank　36 F. 3d 983 (10th Cir. 1994) Lexis27250

(19) オクラホマ州法によると、詐欺の言葉は通常より広く定義付けされており、他人に対して不公平な利益を得ることを意図して行われたいかなる行為も詐欺に該当するとされる。Cf. Spaetan Petroleum Co. v. Curt Brown Drilling Co., 446 P. 2d 808 (Ok. 1968)

(20) 柏木・前掲論文、一五〇頁以下は銀行に限定して検討している。

(21) このような場合には、当事者間に信認義務関係が成立する。本書七〇頁を参照のこと。

(22) 名古屋地判平六年九月二日判例タイムズ八八一号一九六頁。

(23) 東京地判平七年二月二三日金融法務事情一四一五号四三頁。

(24) 東京地判平四年六月二六日金融商事判例九〇三号一八頁。

(25) 柏木・前掲論文一五〇頁参照。

(26) Cf. H. D., Assmann, *The Broker-Dealer's Liability for Recommendations* (1982). p. 28. ff.

（27）Cf. *ibid.*, p.30ff.
（28）山下・前掲論文三二六頁参照。
（29）Ratner., D. L. &, Hanzen. T. L., *Securities Regulation*（1994）p. 30. ff.
（30）Cf. Assmann, *op. cit.*, p. 50. ff.
（31）Cf. R. Jennings-H. Marrsch, *Securities Regulation*（1982）p. 553. ff.
（32）Assmann, *op. cit.*, p. 42. ff. ボイラールームとは、殆ど無価値な証券を電話などにより手当たり次第の見込客に対して高圧的なキャンペーン方式で売り付けるというものである。
（33）Assmann, *op. cit.*, p. 43-44.
（34）415 F. 2d 589 (2d Cir. 1969)
（35）山下教授も同様の指摘をされている。山下・前掲論文三二七頁以下参照。
（36）Cf. Assmann, *op. cit.*, p. 42. ff.
（37）Cf. Assmann, *op. cit.*, p. 37. ff.
（38）山下・前掲論文三二八頁以下参照。
（39）Cf. Assmann, *op. cit.*, p. 37. ff.
（40）Cf. Assmann, *op. cit.*, p. 39. ff.
（41）Cf. Loss & Selingman, *Securities Reguration vol. 8*（1991）p. 3780. ff.
（42）山下友信「証券会社のブローカー業務」証券取引法研究会国際部会編『証券取引における自己責任原則と投資者保護』（一九九六年）四九頁以下参照。
（43）Cf. Assmann, *op. cit.*, p. 39. ff.
（44）410 F. 2d 135 (7th Cir. 1969)
（45）424 F. Supp. 1021 (S. D. N. Y)

(46)　山下友信「証券会社のブローカー業務」『証券取引における自己責任原則と投資者保護』五〇頁以下参照。

第三節　ドイツにおける投資仲介者の説明義務と目論見書責任理論の展開

一　ユニバーサルバンクにおける投資商品販売と説明義務

1　銀行（ユニバーサルバンク）の助言・説明義務

前述のように、我が国の証券会社の不当勧誘に対しては不法行為による解決だけでは不十分な点が幾つかあった。そこで特に我が国において証券会社に顧客に対する説明義務を負担させるための法的根拠についてドイツの議論を参考にして検討する。ドイツにおける金融制度は、ユニバーサルバンクを採用しているので、我が国のような証券会社は存在しない。ドイツではユニバーサルバンクたる銀行が、本体で証券業務を行っている。そこで銀行がどういう法的根拠で、顧客に対し助言義務を負っているかを検討する。

まず一番明白なのは、銀行と顧客間に包括的な証券業に関する助言契約（dynamischen Effektenberatungs-vertrag）がある場合である。(1) 具体的には、財産に関する助言（Vermögenberatung）や財産に関する管理（Vermögensverwaltung）を行う契約が包括的に締結されている場合である。この場合には、投資顧問的な銀行の説明助言義務が生じるのは明らかである。なお黙示的にこの契約が締結された場合も含まれる。BGH の判例(2)によると、投資に興味のある顧客に販売をなす銀行またはその他の投資仲介者に広範な説明義務があるとした。その場合の説明義務とは、「顧客に全ての経済的リスク及び法的形態のリスクを明らかにする義務である」。この場合にＢＧＨは黙示的な助言契約を認定した。この事案は、社債証書（Bond-Anleihe）販売に関するものであるが、更に注目すべきは、「黙示的な契約上の助言義務も、顧客の個人的事情及び投資目的を考慮した適切な助言義務でなければならない。その助言の内容は、発行者の信用度に対する疑問及び外国証券に対する相場リスクの指摘を含むものでなければならない。」とした点である。これは適合性の原則を認めたものに他ならない。

問題は、このような契約がない場合である。そのような場合何故銀行は助言・説明義務に関し法的な義務を負うか。銀行が問屋（Kommissionär）としてＨＧＢ三八四条一項により説明助言義務を負うと解する説も存する。(3) すなわち問屋は、ＨＧＢ三八四条一項により、通常の商人の注意をもって受託した取引を実行するとともに、その際には委託者の利益を配慮してかつその指示に従うことが義務づけられる。この委託者の利益を配慮する義務は、信義義務（Treupflicht）と呼ばれる。そしてこの信義義務の一つとして、委託者に適切な助言・説明を与える義務が認められるとしている。そして元来問屋の義務として認められてきた助言・説明義務は、特に証券の売買取引にも拡大されることが判例学説で認められてきた。(4) 但しその際問屋契約を未だ締結していないときは、説明助言義務は負わなくてもよいことになるのではないかという批判がある。

更に問屋としての取次委託上の義務と考えると売買契約の場合の助言・説明義務を基礎づけることは出来ない。そこでより一般的な助言・説明義務の根拠付を行うために、契約締結上の過失という一般則により、契約成立過程における虚偽または不当な助言説明についての責任を認めうる、とする見解も判例法上形成されている。(5) 例えば、商品投資オプション販売の仲介に関して、説明義務が侵害された事例において、BGHは契約締結に際して過失があり、その結果説明義務違反となるという法理を認めた。(6) この問題に関して山下教授によると、契約締結上の過失の一般理論において、一方当事者に説明義務が課せられることは、既にドイツでは確立しているという。(7)

更にこれを拡大して契約成立の前後を通じて統一的な信頼責任として構成しているのが、カナリス教授である。(8) カナリス教授によると、銀行と顧客の間には、取引上の接触から信頼関係に基づき、BGB二四二条(信義則)による当事者の意思に基づかない債務関係が生じ、その中の保護義務(Schutzpflicht)の一つとして、銀行には顧客が損害を被らないようにする助言・説明義務が認められ、その違反の効果として損害賠償責任が生じている、としている。判例(9)によると、ロンドン商品先物オプション販売の事例において、説明義務は、投資仲介者と投資家との間で形成されている「契約前の信頼関係」から導き出され、その説明義務違反は、BGB八二六条にいう故意による良俗違反を理由とする不法行為責任を構成する、とされた。

しかしこれに対しては、ホプト教授が、取引の範囲を広げすぎていると批判している。(10) そこでホプト教授の理論によると、銀行の投資家に対する説明助言義務は、固有の理論として構成されなければならないという。(11) なぜなら売買契約のような給付交換型の契約に他人の利益配慮義務を認めることはできないとしているからである。そこで制定法上の理由としては、ホプト教授はドイツ憲法上の一般則たる社会的な国家原則(Sozialstaatsprinzip)の具体化としての、社会的な弱者である個人投資家に対する投資家保護原則(Anlegerschutzprinzip)に求めるとする。(12) つまりホプト教授は、銀行は、顧客との間の銀行契約(Bankvertrag)を通じて、憲法が採用する投資家保護義務を負わされていると考えるのである。注目すべきは、ホプト教授は、銀行契約の存在により銀行の助言・説明義務が根拠づけられるとするが、それは銀行契約は単に私法上の契約ではなく、投資家保護原理を採用する法秩序が銀行に対して具体的義務づけを行うことを正当化するいわば触媒としている点である。

またホプト教授は、もし銀行契約が存しない場合、若しくは預金などの一回的契約しか存しない場合でも、その時の顧客と銀行の間でさえ、投資者保護原理に基づく一種の法定債務に準じる関係を認め、程度は低いが銀行に仲介者としての地位から、銀行契約が存在する場合と同様の助言・説明義務を認める。[13] そしてそのことにより、銀行が不当な情報により投資を勧誘した場合に限らず、もし銀行が顧客に対して必要な説明助言を与えず、若しくは不正確な助言をしたために顧客に損害を与えた場合には、銀行は顧客である個人投資家に対し、損害賠償責任を負うことになる。ドイツでは後述する灰色資本市場における投資仲介者の責任を追求する際にも包括的な規制法が存在しないため、問題解決は主に一般民事法により、判例を通じて解決されている場合が多い。この点も多いに注目されるべきである。その前に助言・説明義務の具体的内容をホプト教授の著作を手がかりとして検討する。

2　助言・説明義務の具体的内容

銀行が顧客に対して、その法的根拠が違うとはいえたとえ顧客との間で包括的な助言契約を締結していなかったとしても、助言義務を負っているのはドイツの判例学説上争いがない。**1**においてその法的根拠の検討をしてきたので、ここでは助言義務の具体的内容について検討することにする。

銀行はどの程度助言義務を尽くさなければならないのであろうか。確かにこの義務は、信義則などの一般条項に基づき認められるものでは有るが、だからといって一律に同じ内容の義務を全ての投資家に負うものではない。

銀行はどのような義務を具体的に負うか。ホプト教授によると、具体的な事例においてどのような助言義務が銀行に義務づけられるかを決定する要素としては、①説明の必要性（Aufklärungsbedürftigkeit）の程度[14]、②銀行及び顧客との間の個別的な取り決め（Absprache）の内容[15]、③取引の継続性などの様々な要素によるお互いの関係の緊密さ（Intensität der gegenseitigen Beziehungen）[16]、④顧客による保護の放棄（Schutzverzicht）があるか否か[17]、そして⑤銀行がそのような義務を果たすことによる経営上・経済上の負担（Betriebliche und finanzielle Tragbarkeit）[18]の五つが指摘されている。ホプト教授は以上のような五つの要素の相関関係により、銀行の具体的な助言義務の内容が決定されるとする。

確かにこの基準をそのまま我が国の金融機関の顧客に対する説明義務の議論にあてはめるわけにはいかないが、もし金融機関が一時的な不法行為責任ではなく、継続的な取引による契約責任を負担するとしたら、金融機関の契約責任の有無を決定するのにこれらの要素は重要となるであろう。

更に前述の五つの要素により銀行は具体的に助言義務を負うわけであるが、次に銀行がこのような義務を果たす際にどのような行為義務（Verhaltenspflichten）に従わなければならないかが問題となる。そこでこの点について、やはりホプト教授の分類に従って銀行の行為義務を考えていくことにする。

まず銀行は顧客に対して真実を知らせなければならないという真実義務（Wahrheitspflicht）を負っている、という[19]。この義務は、事実（Tatsachen）だけでなく、有価証券の評価（Beurteilung）に関しても当てはまる。一般投資家は、事実についてだけでなく、ある有価証券の評価に関して何故銀行はそのように評価したかについての説明も必要としてると解すべきだからである。その際に投資家が自分で投資決定を行う際に必要とされる全ての情報を銀行は完全に伝える義務を負うとする。なぜならドイツの資本市場においては、経験の浅い顧客と投資仲介である銀行の間には、市場情報などの点につき著しいアンバランスが生じているからである。

続いて銀行は、②調査・照会義務（Nachforschung und Ererkundigungspflichten）を負う。[20] これは言い換えると銀行は常に助言者として正確で適切な助言をする義務を負うということである。つまり銀行は助言者として市場の現状について継続的にフォローする義務を負うとしている。

第三に銀行は、③適切な助言をいつでも顧客に与えるために、適切な組織を備えておくべきであるという組織義務（Organisationpflichten）を持たなければならないと、[21] する。つまり資本市場において圧倒的な能力を持つ銀行は、顧客への助言についても十分な能力のある助言者を自らの費用で設置する義務があるというのである。

そして故意又は過失により前述のような義務に違反した銀行は、顧客である一般投資家に対し賠償責任を負うとされている。その法的根拠はホプト教授によると、前述の憲法上の義務とされている。

以上のように主にホプト教授及びカナーリス教授の見解を中心にしてドイツ資本市場における銀行の助言・説明義務、及びその具体的内容について検討してきた。次にドイツにおける灰色の資本市場（grauer Kapitalmarkt）と呼ばれる、取引所外の資本取引について検討する。

二　灰色資本市場と一般目論見書責任

1　灰色市場と一般私法理論

周知のようにドイツの金融制度はユニバーサルバンク制であり、銀行が資本市場における市場仲介者となる点に注意すべきである。その際ドイツのいわゆる組織された資本市場（organisierter Kapitalmarkt）における仲介者たる銀行の責任を考えるだけでは十分でない。なぜならドイツにはフランクフルト証券取引所などの組織された資本市場に一時的にはその規模において匹敵した、いわゆる灰色の資本市場（grauer Kapitalmarkt）という市場が存在するからである。その市場においては銀行とは別の投資仲介者が存在しており、ドイツの投資仲介者の契約責任の議論を検討する際には、灰色資本市場における投資仲介者の法的責任をも含めて検討する必要がある。しかし我が国においてはドイツの組織された資本市場における投資仲介者である銀行の契約責任についてはすでに論じられているが、他方ドイツの灰色資本市場の研究はあまりなされていない。そこで本書では、灰色資本市場において最も規模の大きい投資形態であるいわゆる損益通算会社（Abschreibungsgesellschaft）[22]及び私的不動産ファンド（geschlossene Immobilienfonds）の法的性質を明らかにしたうえで、その持分販売を仲介した者の法的責任について検討する。なぜならドイツの灰色市場では、制定法が無かったために、投資家保護は主に民事法の領域で判例法を中心に担われてきたからである。それは主に「契約締結上の過失」の法理により展開されてきた。本書では制定法上の根拠のない「説明義務」を議論するために、同じく制定法のない灰色市場における投資家保護を検討する。

2　ドイツにおける二つの資本市場

ドイツの資本市場は、世界的にも珍しい二つの資本市場に分かれている。そのひとつがいわゆる組織された資本市場である。具体的には三つの証券市場がそれに該当する。即ち公設一部市場（amtlicher Markt）、二部市場（geregelter Markt）、及び自由市場（ungeregelte Freiverkehr）である。(23)公設一部市場は、最上層に位置する市場で、この市場に上場されるためには上場委員会の厳しい審査が必要である。ドイツの大企業や連邦政府等が発行する有価証券はほとんどここで取引される。この市場における取引は、証券会社である銀行による注文を、公認仲立人（Kursmakler）が取引所で仲介をする。(24)この市場に上場された企業は一定の基準に適合したディスクロージャーを要求される。

二部市場は、一九八六年に証券取引所法（Börsengesetz）が改正されて創設された市場であり、(25)一九八八年五月から正式に取引が開始された。この市場には、公設一部市場の厳しい上場基準と比べると緩和されてはいるが、一定のディスクロジャーの下に特別委員会により承認された株式のみが上場されている。この市場における上場コストは公設一部市場より低いが、取次や公定相場の決定を行うのは一部市場と同じく公認仲立人である。

前述の二つの取引所市場とは別に、ドイツでは自由市場と呼ばれる市場がある。この市場での取引は証券取引所で行われるが、電話により取引される市場であり、自由仲介者（Freiverkehrsmakler）が取次だけでなく、自己勘定でも証券取引を行っている。この市場における取引対象は、他の二つの市場に上場されない株式等が中心であり、その取引も証券取引所で立ち会い時間内で行われる。

以上がドイツにおけるいわゆる組織された資本市場であるが、これとは別に組織化されていないいわゆる灰色の資本市場と呼ばれる市場が発達してきた。(26) この市場に対しては、いずれにせよ、今日に至るまで統一的な特別法による規制はされていない。(27)

3 灰色の資本市場の歴史的展開

ドイツでは特に個人投資家が株式に対して投資を行わない傾向が歴史的に強い。他のヨーロッパ諸国と比べてもこの傾向は顕著である。

そこに目を付けたのは、ＩＯＳ社であった。(28) ＩＯＳ社は、一九六〇年代のドイツでは、外国投資会社によるミューチュアルファンド販売には何の法的規制も及ばなかった点に着目して、徹底的な広告及び戸別訪問などによる販売方法で顧客を拡大していった。その結果一九六九年にはＩＯＳ社は世界中で二〇億ドルを超えるファンド資産を集め、そのうちの半分以上がドイツの投資家が投資をしたものであった。(29)

しかしＩＯＳ社の営業活動はほとんど詐欺的なものであったので、(30) 投資家の大多数は大きな被害を被った。ＩＯＳ社の倒産の後には、多くの投資家が取り残されたが、いずれにせよドイツの投資家が貯蓄預金以外の投資に目を向けるきっかけとなったのがこのＩＯＳ事件であることは、確実にいえる。従ってドイツにおいては灰色の資本市場が成立する契機として、ＩＯＳ事件が位置づけられている。(31)

その次に灰色市場に現れたのは、税法上の損益通算を目的としたいわゆる損益通算会社（Abschreibungs-gesellschaft）である。会社損益通算は特別な営業種目をもつ会社ではない。その意義は、それまでは富裕な個人層のみが可能であった未公開企業に対する投資は、損金計上できる点でメリットがあった。公開有限合資会社は、そのメリットを享受できる対象を一般投資家層に拡大したことがその特徴である。公開有限合資会社は損益通算会社の一形態であり、そのほかの形態の損益通算会社も存在する。その後に現れたのは私的非公開不動産ファンドである。(32)これは一定の範囲の投資家から集めた資金を、土地を中心とする不動産に投資をし、その収益を持分に応じて投資家に分配するものである。なお投資先は不動産に限定されずに、一定の商品や石油採掘などにもむけられていた点で、通常の不動産投資信託（offener Immobilienfonds）とは異なる。(33)なおその他に各種の私的ファンド(34)もその要素として挙げられているが、規模としては小さい。

以上のように、ドイツの灰色市場はミューチュアルファンドを中心とした外国株式等の有価証券の販売、公開有限合資会社による有限責任社員持分販売などの要素により構成されている。その規模及び影響力が一番大きいのは、公開有限合資会社による有限責任社員持分販売である。

三　灰色資本市場における一般私法理論による投資家保護

1　判例法による一般目論見書責任理論の展開

前述のように灰色市場における投資家保護の問題は、判例法に依拠せざるを得なかった。特に問題となったのは、損益通算会社の発起人等が個人投資家に対し詐欺的に資金を集めたことである。特に注目されるのは、このような損益通算会社が、債務超過のために直ちに破産申し立てをしなければならないことである。(35)一部の投資仲介者は最初からそのような見かけだけの会社（Scheinfirmen）及びペテン会社（Schwindelfirmen）を設立した。このため個人投資家によるこのような会社への投資は、「無駄な死に金」と評価された。そのような投資仲介者は、新聞などに虚偽の販売目論見書を掲載することにより投資家を勧誘する。目論見書は、確かに営業令（Gewerbeordnung）に適合して発行されているが、しかし殆ど例外なく誤解を招くような表現がみられ、時には明らかに目論見書による詐欺（Prospektbetrug）のケースも見られる。その中には税務署の確実な承認や利回り保証があるという記述や、発行の際に優良銀行の参加があるとか、また会計士による関与及び検査があったとかいう記載により、不適切に広告されたものがあった。

そこでこの状況を具体的に検討するために、目論見書責任が一般に判例法上確立されたと評価される一九七八年四月二四日に連邦財務裁判所で出されたいわゆるガストロノミー（Gastoronomie）判決[36]をみることにしたい。本件の事案は以下の通りである。[37]被告は、ベルリンにおけるM有限会社の社員と業務執行者である。この有限会社及び被告二名は、一九七一年八月三一日にMB美食販売有限合資会社（以下B合資会社と略記）を設立した。その後M有限会社は、B合資会社の無限責任社員となった。その会社の目的は、多数の有限責任社員を集め、それにより資金を集めることのみであり、短期間に五一人の持分者と一四〇万DMを集めた。無限責任を負担するのは、無限責任社員たるM有限会社と被告である設立有限責任社員（Gründungskom-manditisten）である。被告は同時にM有限会社の取締役となった。しかしB合資会社はその後すぐに破産を宣告された。この事案は、詐欺的投資勧誘の典型例である。

原告は、一九七一年一二月に被告らが作成した広告販売目論見書（Werbeprospekt）により当該会社に対する興味を抱き、有限責任社員となるために五万DM払い込んだものである。この場合もちろん原告の目的は、税法上損益通算可能な持分を購入することにより税法上の利得を得ること、及び営業による配当を受取ることであって、実際に当該企業の有限責任社員として活動することではない。その後原告は、B合資会社の破産宣告により自らの投資相当額が失われたとして、一般則であるBGB二七六条（債務不履行）を理由に投資相当額を損害として賠償請求したものである。原告は、その際に目論見書の中に含まれていた虚偽の記載により加入を誘引されたと主張した。具体的には当該広告販売目論見書のなかで被告は、「B合資会社は、二五年来最も成功している大きなビールレストランを買収して、大規模にレストラン業を行う」と述べている。また、「X銀行は、全ての前提は備わっていると判断した」とも述べている。[38]また目論見書の第三章では、その企業の営業種目としてすでに完成されたレストランの営業が記載され、目論見書の他の部分と併せて考えるとレストランの営業施設が既に購入されているかの印象を与える。控訴審は、この記載を虚偽であるとみなしている。その理由は、当該レストランの購入計画は、未だ確定していないからである。

一審のベルリン地裁及び二審のベルリン高裁は、被告に契約締結上の過失ありとして、被告に五万DMとともに利息の支払いを命ずる判決を下した。地裁及び高裁は、使用された広告目論見書を部分的に虚偽であると判示し、さらに被告にはこの広告を使って新しい有限責任社員を参加させたことに責任があると判示した。そこで被告はこの判決を不服として連邦財務裁判所に上告した。

連邦財務裁判所は次のような理由で、被告には契約締結上の過失があるとして、被告の上告を棄却した。[39]即ち「広告販売目論見書により投資について興味を持った加入希望者（Beitrittsinteressant）は、確かに完全にその情報を信頼しているわけではない。しかし投資者には、ほかに実際の状態を知りうる手段がない。従って投資家は、広告販売目論見書の内容が正しく、もし変更があった場合には、責任者によりその変更に関する通知があることを信頼してよいとすべきである。公開有限合資会社において経営陣を構成している発起人は、その会社に資本参加した有限責任社員に対し、取引時に交付した広告販売目論見書が有する情報が不完全又は不公正な場合には、契約締結上の過失により責任を負う」とされた。

この判決により「灰色資本市場における損益通算会社の発起人や販売仲介者等は、広告目論見書を信頼して投資した投資家に対し、当該目論見書の虚偽記載につき契約締結上の過失により損害賠償責任を負う」という法理が確立された。問題は契約締結上の責任とはいうが、この場合発起人とは異なり仲介者は契約当事者ではないという点である。この点判例は以下のように理由付をしている。すなわち「本件原告のような投資家が意思決定をする際に、仲介業者は専門家として目論見書の記載事項に、いわば保証人のように個人的な信用を与えているような印象を相手方に与えるから」としている。この点アスマン教授は、契約成立に関与したものは、もし契約締結時に相手方の信頼を高めた場合には、一種の契約締結上の過失(40)の法理により責任を負うとしている。

また別のBGHの判決(41)によると、契約締結上の過失及び目論見書責任原則により、公開合資会社の持分販売に関して、責任を負うものの範囲が広げられた。それは当該投資プロジェクトを計画したもの、当該会社の創設者、会社経理に決定的な影響を与えるもの、目論見書を作成し、流通させたものである。

2　一般目論見書責任と投資仲介者の契約責任――アスマン教授の著作を手がかりに

これまでみてきたようにドイツの灰色資本市場には、我が国の証券発行市場における目論見書に関する規制のような統一的な規制は存しない。一九七八年に、目論見書の作成とその虚偽記載について民事責任を負わせようとする「財産投資法（Vermögensanlagegesetz）」という法案が作られたが、廃案となった(42)。そこでこのような立法の欠如を、先に述べたように判例が契約締結上の過失の法理に基づいて、目論見書記載の事項につき作成者等は責任を負うという目論見書責任（Prospekthaftung）を認めることにより、規制しようとしてきたのであるが、それも十分なものとはいえない。その理由の一つとしてアスマン教授が指摘するのは、参加契約自体の解約が認められていないことである。(43) これに関しては、組織された資本市場においては、例えば投資信託販売に関しては、一種の修正された解除権が認められている。投資会社法（KAGG）二〇条一項によると、もし投資信託の販売に関する目論見書の記載が虚偽または不完全な場合、投資家は自ら支払った額を保証してもらうために、持分の引き取りを求めることが可能である。その際に引き取り義務（Übernahmenpflichtet）があるのは、販売目論見書を作成した企業及びその法定代理人に任命された個人、並びに当該企業の代理人である法人である。注目すべきは、業として販売を仲介したものもまた、販売目論見書の虚偽または不完全なことを知っていた場合には、目論見書記載が虚偽なことについて投資家が被った損害についての連帯責任に問われることである。このように組織された資本市場には、特別法による解除権により、投資家の権利が保護されている。

更にアスマン教授は、灰色市場における投資情報の重要性をも強調して、灰色市場においても、組織された市場における銀行の助言義務のように、目論見書責任から更に進んで、投資仲介者に契約上の、又は準契約上の説明助言義務を負わせるべきであるとする。(44) なぜなら目論見書責任は投資仲介者が虚偽の情報を積極的に伝えた場合に限られるからである。従って必要な情報を確実に投資家に伝える義務を、組織された資本市場におけると同様に、投資仲介者に負わせることは、投資家保護に必要であり、そしてもし、灰色資本市場における投資仲介者がこの義務に違反した場合、契約の解除とともに、損害賠償責任を負わせるべきである、とする。

目論見書責任に関して、目論見書責任は契約締結上の過失責任の一類型であり、目論見書責任の要件が備わっていない場合に、契約締結上の過失責任の一般的要件が検討されるとする見解がある。(45) 目論見書責任の特殊性は、目論見書というファクターを通じて直接的な接触がない人々にたいしても信頼が形成される点で責任要件の緩和であるとされるのである。これは後述のように、灰色資本市場では、何万人という投資家が関与するので、この特殊性が必要となるのであろう。

四　特別法（証券取引法）による投資仲介者の行為規制

証券取引法（Wertpapierhandelsgesetz）とは、一九九四年七月三〇日にドイツ議会を通過した法案で、(46) 包括的なドイツ資本市場の改革を目的とする第二次資本市場振興法（Zweites Finanzmarktförderungsgesetz）の一貫として制定された法律である。その立法目的は、ドイツ資本市場を投資家にとって魅力のある市場に改革することにより、ドイツ資本市場の国際競争力を高めることである。一九九八年一月に立法化されたされている第三次資本市場振興法による改革と並んでドイツ版ビックバンとも呼ばれ重要な意義を持つ。その一貫として立法された証券取引法は、主にインサイダー取引規制を目的とするが、投資仲介社の行為に対して以下のような規制をしている。(47)

「第五章　有価証券取扱会社の行為規定

第三一条〔一般行為規定〕①有価証券取扱会社（Wertpapierdienstleistungsunternehmen）は、次の義務を負う。

一、顧客の利益のために、必要とされる知識、配慮及び誠実さ（Gewissenhaftigkeit）をもって、有価証券の取扱業務を行う義務

二、利益相反を避けるように努め、もし避けられない場合には、顧客の利益を遵守して顧客の注文を執行

することに配慮する義務

② 有価証券取扱会社は、また次の義務も負う。

一、顧客の財産状態と当該取引の目的に関して、投資提供の目的となる取引に対する顧客の経験と知識を考慮して情報提供する義務

二、顧客にとって有益な情報を全て提供する義務

それは、顧客が意図した取引の種類及び量を考慮して、顧客の利益を保護するために必要な程度で行われなければならない。……中略。

第三二条〔特別行為規定〕① 有価証券取扱会社又は当該会社と提携している企業は、次の行為をすることが禁止される。

一、有価証券取扱会社の顧客に対して、顧客の利益に反するような推奨をした場合、そして顧客の利益に反した程度において、有価証券及びデリバティブの購入又は売却について推奨すること」

着目すべき点はいくつかあるが、三一条二項において有価証券取扱会社[48]は、顧客の財政状態と投資目的を考慮して、顧客にとって有益な情報を全て提供する義務が法定されたことである。これは有価証券販売に際して、適合性の原則が法定されたことである。また三二条において、有価証券取扱会社及び業務提携会社並びに有価証券販売を業とする会社は、顧客の利益に反するような推奨をしたり、情報を利用して自己取引を行うことが禁じられた。

（1） K. J. Hopt., *Kapotalanlegerschutz im Recht der Banken* 1975 S. 235ff.

（2） BGHZ74, 103-106, ZIP 1993　S. 1148-1149

（3）山下・前掲論文三三一頁。
（4）W. Canaris. *Bankvertragsrecht* 2, Bearbeitung, 1981., Rdn. 1896
（5）Vgl. Canaris. *a. a. O.*, Rdn, 1896.
（6）BGH, ZIP 1991, S. 1207. ff.
（7）山下・前掲論文三四八頁。
（8）Vgl. Canaris. *a. a. O.*, Rdn, 1896. なお我が国におけるカナリス教授の信頼責任理論の評価に関しては、山下友信「西ドイツにおける証券投資者保護法理の一断面〔二〕」インベストメント（一九八二年一〇月）一九頁以下参照。
（9）BGHZ 105, S. 108–110.
（10）Vgl. Hopt, *a. a. O.*, S. 244ff.
（11）Vgl. Hopt, *a. a. O.*, S. 244–246.
（12）Vgl. Hopt, *a. a. O.*, S. 219ff.
（13）Vgl. Hopt, *a. a. O.*, S. 401ff.
（14）Vgl. Hopt, *a. a. O.*, S. 414-420. によると、助言の必要性に関して例えば商人とそれ以外のものに分けると、前者については助言の必要性が否定されるのに対し、後者については原則として必要性が肯定される等の違いがある。
（15）Hopt, *a. a. O.*, S. 420–421.
（16）Hopt, *a. a. O.*, S. 421-422. 例えばある顧客が、相当程度の期間継続して取引がある場合には銀行に強い義務が生じることとなろう。
（17）Hopt, *a. a. O.*, S. 422-425. もし素人が、専門家のような振る舞いで銀行による助言を拒否した場合まで、銀行に高い義務を負わせるものではない。

(18) Hopt, *a. a. O.*, S. 425-427.

(19) Vgl. Hopt, *a. a. O.*, S. 431-436.

(20) Vgl. Hopt, *a. a. O.*, S. 436-438.

(21) Hopt, *a. a. O.*, S. 438-440.

(22) K.J., Hopt, *Inwieweit empfiehlt sich eine allgemeine gesetzliche Regelungdes Anlegerschutes?* 51. DJT Gutachten G S22ff（以下 Anlegerschutz と略記する。）によると、損益通算会社は様々な形態があるが、特に重要なのは、公開合資会社（Publikums-Kommandetgesellschaft）の形態のものである。

(23) H.D. Assmann, u. R. Schütze, (hrsg.), *Handbuch des Kapitalanlagerechts 2. Auflage*, 1997, S. 245ff（Assumann）.

(24) ドイツ証券取引所法（Börsengesetz）第三〇条～第三五条参照。

(25) ドイツ証券取引所法第七一条参照。

(26) Vgl. Assmann u. Schütze, *a. a. O.*, S. 5ff（Assmann）.

(27) Vgl. Assmann, H.D., *Prospekthaftung*, 1985, S. 75ff によると、この問題に関して、一度財産投資法（Vermögensanlagegesetz）という法案がドイツ議会に提出されたことがあったが、廃案となった。

(28) Raw, Page & Hodgson, によれば、ＩＯＳとは Investors Oberseas Service の略である。ＩＯＳ社は、ベルナルト・コーンフェルト（Bernard Cornfeld）とエドワード・コウエット（Edward Cowett）により、一九六〇年四月九日にパナマで設立されたミューチュアルファンド販売のための有限責任企業である。ＩＯＳ社は、それまでミューチュアルファンドに興味を全く示さなかったドイツの一般投資家層に、ミューチュアルファンドを販売することにより、資金を集めたものである。しかしＩＯＳ社によるミューチュアルファンドの運用は、詐欺に近いものであったので、多数の投資家が被害を被った。ＩＯＳ事件に関する詳細は、拙稿「ドイツにおける外国投資持分（Ausländischesinvestmentanteil）販売及び外国投資会社法の制定について――

ＩＯＳ事件を中心として」一橋研究二〇巻二号九五頁以下参照。

(29) 筆者は、ＩＯＳ事件について、ドイツの投資信託会社の業界団体である Bundesverband Deutscher Investment-Gesellschaften（以下ＢＶＩと略記する）に質問したが、後日回答が送られてきた。本文の論述は、その記述による。

(30) 拙稿・前掲論文・一橋研究二〇巻二号九五頁参照。

(31) Vgl. Assmann, *Prospekthaftung*, S. 12-13. なお Hopt, *Anlegerschutz*, S. 22ff. によると、ＩＯＳ事件に限らず外国株式や外国ミューチュアルファンドなどの有価証券販売全体が、いわゆる灰色の資本市場の先駆けであると評価されている。

(32) Vgl. Hopt, *Anlegerschutz*, S. 25.

(33) 通常の不動産ファンドに関しては、投資会社法（Kapitalanagegesellschaften-gesetz；KAGG）第二六条以下を参照のこと。なお BVI, *Investment 94*, S. 68 によると、現在では、投資信託方式による不動産投資に関してはドイツが約四四〇億ＤＭとなり世界最大である。

(34) Vgl. Hopt, *Anlegerschutz*, S. 25-26.

(35) Vgl. Hopt, *Anlegerschutz*, S. 35.

(36) BGHZ 71 S. 284ff.

(37) BGHZ 71 S. 285-286.

(38) BGHZ 71 S. 288.

(39) BGHZ 71 S. 285.

(40) Assmann, *Prospekthaftung*, S. 82. によれば、このような責任は信頼形成（Vertrauenbildung）責任、または契約締結上の過失による第三者責任（Dritthaftung aus ***cic***）と説明されている。

(41) BGHZ 79 S. 337-340.

(42) Vgl. Assmann, *Prospekthaftung*, S. 77-78.
(43) Vgl. Assmann, *Prospekthaftung*, S. 77-78.
(44) 山下友信「西ドイツにおける証券投資者保護法理の一断面〔一〕」インベストメント一九八二年一〇月号二一頁以下によると、組織された市場においては、銀行は顧客に対して助言説明義務を負い、その違反に関しては銀行は、信義則上（ＢＧＢ二四二条）投資家が被った損害を賠償する責任を負うという説が主張されている。
(45) ノルベルト・ホルン「契約締結上の過失」民商法雑誌一一四巻三八五頁。
(46) 第二次資本市場振興法は、以下の内容等を含む二〇章（款）(Artikel) から成っている。
①章「証券取引法」の制定。ＥＵ指令の国内法化のために、内部者取引に対する刑事罰を法定し、同時に証券取引を監視するために連邦証券取引監督庁（Bundesaufsichtamt für den Wertpapierhandel）を設置したものである。
②章「取引所法（Böresengesetz）改正法」
③章「投資会社法（Kapitalankagegesellschaftegesetz）改正法」　主に金融市場ファンド（ＭＭＦ）（Geldmarktfond）の組成及び販売を認めた内容である。同時に投資信託の対象としてデリバティブ等の金融派生商品の組入れが認められた。
④章「外国投資会社法（Auslandinvestmentgesetz）」改正法
⑤章「株式法（Aktiengesetz）」改正法
⑥章「株式法施行法（Einführungsgesetz zum Aktiengesetz）」改正法
⑦章「寄託法（Depotgesetz）」改正法
(47) 本文は、試訳である。傍線部は筆者の判断による。
(48) 通常の場合、銀行及び投資会社（Kapitalanlagegesellschaft）が、有価証券取扱会社に相当する。

第四節　金融機関の説明義務に関する検討

一　金融機関の助言・説明義務とその法的根拠

第二節、第三節では、情報開示義務及び説明義務に関して米国及びドイツの議論を検討してきたが、本節ではそれらを踏まえて、我が国の金融機関の助言説明義務に関して総合的に検討していきたい。

問題は、その不法行為又は債務不履行の前提として金融機関が説明義務を負うか否かであり、なぜそのような法的義務があるかということであるから、本稿ではその法的根拠という点に焦点を絞ることにする。

この点に関して見てきたように、我が国の判例は例えば変額保険の勧誘に関して「このような事実関係のもとにおいては、変額保険募集人たるY_2において、募集時に要請される一般的説明に加え、信義則上少なくとも当時の金利水準、変額保険の運用実績に基づいて検討した場合、Xの右前提事実の判断に錯誤がないかどうか、その判断の基礎となる事実を説明すべき義務があったものというべきであり、この理はY_1生命とY_3銀行との業務提携の有無によって左右されるものではないというべきであるとした。」事件[1]や、同じく変額保険に関連した銀行融資に関しても「原審が『変額保険募集人たるY_2において、募集時に要請される一般的説明に加え、信義則上少なくとも当時の金利水準、変額保険の運用実績に基づいて検討した場合、Xの右前提事実の判断に錯誤がないかどうか、その判断の基礎となる事実を説明すべき義務があったものというべき』というように信義則上投資家が錯誤を生じさせないよう説明をする義務があるという点に注目すべき」

と判示した事件(2)のように信義則という理由付けをするのが一般的である。同様に銀行業務に関連してインパクトローンに関連した事件(3)では「外国為替に関する知識・経験がない顧客にインパクトローンの利用を勧め、実行したところ、その後の円の大幅下落によって、顧容に不測の為替差損が生じたという場合に、銀行はインパクトローンの仕組み、市場金利、相場性、為替相場の変動による危険性、その対処策として先物予約を併用する方法があること等を十分に説明してその理解を得るべき信義則上の義務を負担する」としているし、スワップ取引に関しては「銀行が、顧客に対し、取引に伴う危険性が大きい金融商品を提供する場合には、当該商品の危険性の周知性が高い場合又は当該顧客が当該商品に精通している場合を除いて、顧客が、銀行との間で、当該商品につき契約を締結するか否かを判断するに当たって、必要不可欠な当該商品の概要及び当該取引に伴う危険性を説明する信義則（民法一条二項）上の義務があるものと解するのが相当である」としている判決(4)もある。

また証券会社に関連して、ワラント販売に関して債務不履行責任を認めた事件(5)は、「被控訴人には一般顧客である控訴人に新たに外貨建分離型ワラントである本件ワラントの取引を勧め、それを受任するに当たっては、具体的な受任に先立ち信義則上、前記認定のような外貨建分離型ワラントが内包する高い危険性について控訴人に十分説明をすべき契約締結上の注意義務があったというべきである。」としている。このように顧客側の請求を認めた判決を分析すると、信義則を理由付けにしたものが多く、中には法的理由に言及しないもの(6)もある。

私見によると、最終的には例えば安全配慮義務のように金融機関の説明義務という義務が認められるべきであると解するが、その過渡期的な状況としては信義則という理由付けには反対しない。現状では信義則による理由付けに反対しないが、前述のように「金融機関の説明義務」という概念を認めるべきである。この点につき以下検討する。

まず一番明白なのは、銀行と顧客間に包括的な証券業に関する助言契約（dynamischen Effektenberatung-vertrag）がある場合である[(7)]。具体的には、財産に関する助言（Vermögenberatung）や財産に関する管理（Vermögensverwaltung）を行う契約が包括的に締結されている場合である。この場合には、投資顧問的な銀行の説明助言義務が生じるのは明らかである。なお黙示的にこの契約が締結された場合も含まれる。BGH の判例[(8)]によると、投資に興味のある顧客に販売をなす銀行またはその他の投資仲介者に広範な説明義務があるとした。その場合の説明義務とは、「顧客に全ての経済的リスク・及び法的形態のリスクを明らかにする義務である」。この場合にＢＧＨは黙示的な助言契約を認定した。この事案は、社債証書（Bond-Anleihe）販売に関するものであるが、更に注目すべきは、黙示的な契約上の助言義務も、顧客の個人的事情及び投資目的を考慮した適切な助言義務でなければならない。その助言の内容は、発行者の信用度に対する疑問及び外国証券に対する相場リスクの指摘を含むものでなければならない。」とした点である。これは適合性の原則を認めたものに他ならない。

問題は、このような契約がない場合である。その場合、本書において検討してきた米国の信認義務に関して、「信認義務」を検討する。通常消費貸借における貸手（金融機関）と借手の間には単純な独立当事者関係（Arm's Length Relationship）が支配し、市場の道徳（Market Moral）以上の義務は貸手に対しては要求されないとされてきた。従って契約当事者間には、それ以上の信認関係は発生しない[(9)]。しかし貸手に対してそれ以上の信認義務を課すためには、特別の事情（Special Circumstances, Special Relations）が必要である[(10)]。

特別の事情とは、「①借手が貸手に特別の信頼を置いていた、②借手が貸手から助言を得ており借手がそれに依存していた、③貸手が借手に優越的立場（Superiority）又は支配力（Domination and control）を得ていた場合である。」(11) 信認関係がいったん認められると、①守秘義務、②情報開示義務、③借手の最大利益のために行動する義務（Best Interest of Borrower）が生まれる」ことは検討してきたが、(12) この議論は、我が国における金融機関による説明義務の議論に参照することが可能である。なぜなら金融取引に関して、個人顧客に対して金融機関が圧倒的に豊富な情報量を持つという現状から鑑みると、顧客は貸手である金融機関の情報に頼らざるを得ないからである。従って前述の要件の②に該当し、従って情報開示義務及び借り手の最大利益のために行動をする義務が導き出され、金融機関に顧客の事情に最も適合する情報を提供する義務を有するという帰結が演繹可能であるからである。この点不法行為の成立に限定しても(13)「商取引の当事者は、取引が行われる前に相手方に対し合理的な配慮（Reasonable Care）を持って以下の情報を開示する義務を負う。

(a)　一方当事者が知っている情報で、信認義務(14)関係若しくはそれに準ずる関係又は当事者間における信頼関係（Confidence）により、他方当事者に知る権利が付与された場合の情報。」とされていたので、契約の両当事者間に著しい情報格差があり、かつ一方当事者が他方当事者の情報に依存していたような場合には、他方当事者は――この場合は金融機関であるが――先行行為として情報開示義務を負う。米国では情報開示義務違反が不法行為になりうるとされている。我が国でも金融機関と顧客の間には著しい情報の偏差があり、取引開始後も顧客は金融機関からの情報提供に依存していることが多い。特に個人投資家はそうである。説明義務に関しては一般的に「契約当事者間に情報の収集・蓄積をする能力において著しい格差がある場合には、この格差を是正する義務が認められるべきである。」という指摘がある。(15)このような格差を解消して初めて契約自由の原則が実質的に確保される。これは金融市場においては、情報格差がある金融機関にそのような配慮があって初めて自己責任を追及しうると解すべきである。金融機関の説明義務の根拠としては、情報偏差及び金融機関はそれで利益を上げていることも挙げられる。(16)これはドイツの議論によっても、金融機関は仲介者として市場における取引を仲介者する事により収益を上げているので市場参加者に対して助言義務を負うという議論(17)から演繹可能である。

内容的に金融機関は高度な注意義務を負うというのが「公共性（Public Interest）の理論」である。金融機関の公共性・専門性・圧倒的な情報量を鑑みると、金融機関は顧客や一般大衆に対して特別に高度な注意義務を負うという考え方である。(18)判例でこの考え方に言及しているのは、Jacques v. First Nat'l Bank 事件である。(19)判決は次のように述べている。「銀行が存在するのは、多くの一般公衆（enormous Public）から寄託された資金を使って業務を行っている為である。公衆が銀行に資金を預ける場合一方的に銀行に依存している。更に融資の提供に関していえば、当該地域（Community）で銀行がほぼ独占的な地位を占めている。」として、銀行の注意義務の源は、公共性であるとした。更に他の経済関係不法行為法における医師や弁護士等の専門家責任と同様、銀行という職業の持つ公共性という説明もされている。その説明により銀行はたとえ取引に未だ入らない顧客に対しても注意義務を負う、とされている。

またドイツの議論が、資本市場において証券投資に関しては顧客と銀行の知識量の差が圧倒的であり、また問屋である銀行はその性質から説明・助言義務を負っていると解しているのを鑑みれば、我が国の金融機関も——特に証券会社は——問屋としての性質を有しているので、説明義務を負っていると解しても無理な解釈ではない。確かにホプト教授のいうように憲法上銀行は助言義務を負っていると解することに論理的飛躍はあるが、それについてはドイツ資本市場の状況をよく検討する必要がある。それは、ドイツの資本市場におけるユニバーサルバンクは、我が国の資本市場における証券会社と比較して、より強大な存在であることは明白な事実である。だとするとユニバーサルバンクと個人投資家の間には相当の地位の開きがあり、ホプト教授はその意味で資本市場における弱者である個人投資家に一般的な保護規定を適用したのである[20]。この場合社会国家的な原則と見ることには飛躍があるが、問屋としての性質から顧客に助言義務があり、継続的な取引が行われていた場合にはカナリス教授のいうように取引上の信頼関係から信義則に基づく債務関係が生じると考えることも可能である。

このように、これまでの検討を鑑みると、金融機関はその職務の性質上説明義務を有していると解することが出来る。そこで次にこの説明義務の内容を検討する。

二　金融機関の説明義務の内容

1　適合性の原則の適用

金融機関が前述のような説明義務を負っているとすると、その内容はどのようなものであろうか。本稿でまず問題としたいのは、「適合性の原則」である。特に明文で規定のある証券取引法を除いて、保険業法と銀行法には明文がない。このうちまず保険業法二九九条にいうベストアドバイス義務が適合性の原則に該当するか否か検討する。保険業法二九九条は、「保険仲立人は、顧客のために誠実に保険契約の締結の媒介を行わなければならない」と定める。抽象的な規定であるが、我が国の学説上[21]は投資商品性が明らかな変額保険に関しては、その勧誘に関しては、適合性の原則が類推できることの明文の根拠であるとされている。この点本書で引用した判例は、[22]「原審は、（1）Yによる説明義務違反の違法性につき、変額保険についても証券取引法でいう適合性の原則がそのまま適用されるべきか否かはともかく、Xは本件不動産を所有するものの、自宅の土地建物であり、生活に不可欠の資産であって遊休資産ではなく、他に見るべき資産はなかった上、所得は少なかったから、本来変額保険が予定している投資リスクに耐えられる顧客層に属するかどうか疑問があったこと、さらに、Xは、自己資金がないため、銀行から融資を受けて変額保険に加入しようというものであり、かつ利息の支払いについても追加融資を受け、Xの死亡時までに発生する借受金全部を死亡保険金で一括して弁済できるとの前提で、本件変額保険加入を決断したものであり、Y_2はこの事実を知っていたのであるから、このような事実関係のもとにおいては、変額保険募集人たるY_2において、募集時に要請される一般的説明に加え、信義則上少なくとも当時の金利水準、変額保険の運用実績に基づいて検討した場合、Xの右前提事実の判断に錯誤がないかどうか、その判断の基礎となる事実を説明すべき義務があったものというべきであり、この理はY_1生命とY_3銀行との業務提携の有無によって左右されるものではないというべきである」、とした。

原審が「変額保険募集人たるY_2において、募集時に要請される一般的説明に加え、信義則上少なくとも当時の金利水準、変額保険の運用実績に基づいて検討した場合、Xの右前提事実の判断に錯誤がないかどうか、その判断の基礎となる事実を説明すべき義務があったものというべき」というように、「信義則上投資家が錯誤を生じさせないよう説明をする義務があるという点に注目すべき」としている。つまり元々リスクを有する変額保険に関しては、保険勧誘に際して、顧客の目的・ニーズに一致すると信ずる商品のみを販売するという信義則上の義務を負うということである。また本稿第一章第一節二で検討した二つの最高裁判決でも、結論は異なっているが、適合性の原則の適用の可能性については「変額保険募集人たるY_2において、募集時に要請される一般的説明に加え、信義則上少なくとも当時の金利水準、変額保険の運用実績に基づいて検討した場合、Xの右前提事実の判断に錯誤がないかどうか、その判断の基礎となる事実を説明すべき義務があったものというべきというように信義則上投資家が錯誤を生じさせないよう説明をする義務がある」としている。このように判例上は保険業法二九九条を類推適用したものではないが、信義則を理由に個別の状況による説明義務の程度の違いを認めている。もっとも本判決が下されたのは、保険業法が制定される前であったので、判例が類推適用を認めていないとはいない。

続いて銀行法上の問題に移るが、これまでは銀行が取り扱う金融商品には、例えば為替リスクというような顧客がすぐに理解できないような商品はあまりなかった。そこで適合性の原則の適用が議論されてこなかったわけであるが、ではその必要がないのであろうか。

デリバティブを使った融資に関する判決(23)は、「外国為替に関する知識・経験がない顧客にインパクトローンの利用を勧め、実行したところ、その後の円の大幅下落によって、顧客に不測の為替差損が生じたという場合に、銀行はインパクトローンの仕組み、市場金利、相場性、為替相場の変動による危険性、その対処策として先物予約を併用する方法があること等を十分に説明してその理解を得るべき信義則上の義務を負担するとして、債務不履行責任による差損分の損害賠償を」命じた。変額保険と同様に、これまであまりリスク商品を販売しなかった銀行が、外国為替に対する知識がない顧客に対して販売する場合に、元本保証がない点及び為替を組み合わせた複合的な商品である点に前述の変額保険と同様の問題性がある。一般的に考えても、例えばインパクトローンのような高度な金融取引の場合、銀行の商品説明が機関投資家に対するものと個人投資家に対するものが異なるのは自明であろう。そう考えると、金融機関による説明の内容・程度が顧客の事情により異なるのはむしろ当然であるといえよう。

米国でも、検討したように、過当取引は詐欺の一形態として民事責任追及の理由となるが、(24)「適合性の原則は、詐欺禁止以上のレベルでブローカー・ディーラーの投資勧誘を規制するという目的を持つ。問題は、適合性の原則がブローカー・ディーラーの民事責任を考える場合にどのような意味を持つかということである。取引の過当性については、取引が過当か否かを判断する場合には、多くのケースにおいて、ターン・オーバー比率の大小、買入れ証券の平均的保有期間、同一証券の出し入れ取引の存否、報酬の額などが総合的に考慮される。ここにおいて適合性の原則の考え方を組み込むことが必要となってくるのである」、としている。従ってリスク商品を販売する金融機関は説明義務を負うが、その説明義務は、顧客の状況によって異なり、仲介者はその状況をふまえた上で勧誘をしなければならないことになる。また説明義務が尽くされたがどうかは、相手方の具体的な理解を基準として判断されるべきである。説明義務は、説明を相手方に理解させるように努める義務を含むと解すべきである。後藤教授によると、(25)「この方面に関する議論が盛んなフランスでは、情報提供義務は、情報を相手方に理解させる義務を含み、この義務は手段債務である」としている。

また顧客がリスク商品に投資をする際には、自己責任の原則が重要である。自己責任との関係については、「自己責任の原則は、銀行が顧客に対し、顧客が当該契約を締結することの適否を判断するに当たり必要不可欠な事項を説明して初めて妥当するものといわなければならない。従って、銀行が、顧客に対し、取引に伴う危険性が大きい金融商品を提供する場合には、当該商品の危険性の周知性が高い場合又は当該顧客が当該商品に精通している場合を除いて、顧客が、銀行との間で、当該商品につき契約を締結するか否かを判断するに当たって、必要不可欠な当該商品の概要及び当該取引に伴う危険性を説明する信義則（民法一条二項）上の義務があるものと解するのが相当である。そして、顧客が、銀行との間で、当該商品につき契約を締結するか否かを判断するに当たって必要不可欠な当該商品の概要及び当該取引に伴う危険性の内容、つまり右の説明義務の範囲及び程度は、当該商品の危険性の周知性の程度、当該事案における顧客の当該商品に対する適合性（顧客の経営状況及び意向、理解力、判断力等）によって定まるもので、右説明義務違反の有無は、銀行が顧客に対してなした説明の内容、その他当該取引の具体的状況を総合考慮して判断すべき」であるとしている。またワラント判決に関して検討したように「説明義務は単純に投資家保護のため、あるいは、投資家の証券会社に対する信頼保護のために課されているのではなく、投資家が適切な情報に基づいて意思決定をするために課されているのだ」ということが理解されうる。つまり説明義務とは、投資家の自己責任を追及するための前提条件の整備のために必要であり、情報量の少ない顧客は金融機関から情報を提供してもらう必要があるが、その状況は個別投資家により異なるのは自明であろう。

この点に関して金融派生商品であるスワップ取引(26)に関して、「顧客が、銀行との間で、当該商品につき契約を締結するか否かを判断するに当たって必要不可欠な当該商品の概要及び当該取引に伴う危険性の内容、つまり右の説明義務の範囲及び程度は、当該商品の危険性の周知性の程度、当該事案における顧客の当該商品に対する適合性（顧客による、経営状況・商品の状況に対する理解力、判断力等）によって定まるもので、右説明義務違反の有無は、銀行が顧客に対してなした説明の内容、その他当該取引の具体的状況を総合考慮して判断すべき」とした判決があるが、その主張は妥当である。すなわち説明義務の範囲及び程度は、顧客の当該商品に対する適合性で決まるものである。つまり適合性の原則をふまえた説明義務とは、投資家及び預金者に自己責任原則を問いうるため、最低限の知識・情報レベルまで顧客を引き上げることと理解すべきである。言い換えると、それぞれ顧客は知識・情報レベルが異なるために、いわばスタートラインは異なるが、自己責任を問うためのゴールは同じであり、いくら説明してもそのようなゴールへ知識・情報レベルが到達しない顧客には、金融機関は当該金融商品を勧誘してはならないと解すべきであり、これが適合性の原則の本質であると理解すべきである。

今後金融ビッグバンの進展の中で、様々な金融商品が販売されるであろうが、このような状況の中で銀行が販売するものについてだけ適合性の原則が適用されないというのは当を得ていない。このように説明義務の中には自明に適合性の原則の要素が含まれていると解すべきである。そしてそれは顧客・投資家に自己責任を追及するための前提条件と解するべきである。

2 消極的義務とアフターケア義務

続いて消極的義務に関して検討する。消極的義務とは、例えば大阪地裁堺支部によると「本件は特段の事情が認められる場合であり、AにはY_1の一員として変額保険の内容について積極的な説明をする義務はないものの、少なくともBの説明によって、Cが変額保険の内容について誤解している時は、誤解を解くための説明を自らするか、Bに再度の正確な説明を促すべきであるという消極的な説明義務が生じるというべきであり」とされた。但しこの義務は見てきたように控訴審では否定された。また学説では(27)「消極的説明義務とは、不作為の違法性論において論じられている先行行為に基づく作為義務の一種」であるとその存在を肯定する見解もある。

この問題につき米国の議論を参照すると、不法行為リステイトメント五五一条二項[28]は、「(b) 一方当事者が知っている情報で、事実に対する部分的またははっきりしない表明をしたために、相手方が誤解を招く (misleading) 可能性がある場合、その誤解を解く情報。……〔中略〕。(e) 取引に関する基本的事実で、取引の一方当事者が他方当事者が当該事実に関する誤認に基づいて取引に入ろうとしていることを知っており、かつ当事者の関係、商慣習若しくは他の客観的状況から他方当事者が合理的に開示してくれるものと期待している場合の当該基本的事実。」としている。我が国の例えば変額保険の投資勧誘に関する事例を検討すると、顧客は銀行が一緒に勧誘しているので信用したという場合が少なくない。(b) では、我が国で問題となっている消極義務に関する議論での銀行の役割は契約当事者ではないのでそのまま適用することは出来ないが、契約締結には関与し、むしろ銀行員の存在が情報の信頼性を高めたものといえる。また (e) より、銀行員が顧客が変額保険の商品性に対し誤解をしていると認識した場合には、商慣習等の客観的状況より顧客が銀行員に対いてその誤解を指摘してくれるという合理的な期待を持つことは無理な解釈ではないだろう。

契約の「当事者」を広げて、責任を広く解するという考え方に対しては、ドイツの目論見書責任の議論が参考になる。この点につきドイツでは、灰色市場において、「投資家が意思決定をする際に、仲介業者は専門家として目論見書の記載事項に、いわば保証人のように個人的な信用を与えているような印象を相手方に与えるからである。この点アスマン教授は、契約成立に関与したものは、もし契約締結時に相手方の信頼を高めた場合には、一種の契約締結上の過失[29]の法理により責任を負うとしている。また別のＢＧＨの判決[30]によると、契約締結上の過失及び目論見書責任原則により、公開合資会社の持分販売に関して、責任を負うものの範囲が広げられた。それは当該投資プロジェクトを計画したもの、当該会社の創設者、会社経理に決定的な影響を与えるもの、目論見書を作成し、流通させたもの等の契約締結に対して一定の関与をしたものである。」としており、この点我が国の変額保険訴訟における銀行員は、情報の信頼を高めたものといえ、契約締結に関与したものといえる。そう解すると、銀行員が投資決定に際して保険会社と勧誘した場合には、少なくとも誤解を解く義務はあると解するべきである。我が国で銀行が損害賠償責任を負うとされたのは銀行から積極的に変額保険を勧誘した場合のみであるが、積極的に勧誘しなくとも契約成立に関与しているのであるから、少なくとも銀行員が顧客の誤解を認識している場合には誤解を解くような義務は存すると解すべきである。

次にアフターケア義務に関してであるが、これは「継続的な金融取引において、業者には、顧客のニーズにこたえ、少なくとも顧客に損失が生じないように、あるいは損失が生じたときはこれを最小限に食い止める措置を講ずべき義務」と理解するべきであろう。我が国の判決[31]では否定されたが、米国では前述のように先行行為により情報開示義務を負いこの義務に違反すると不法行為を構成する可能性がある、とされた[32]。すなわち前掲不法行為リステイトメント五五一条二項(c)は契約の一方当事者が以下のような情報を開示しない場合には、不法行為を構成すると規定する。つまり「(c) 当事者が事後に（subsequently）知った情報が、当該当事者が事実を説明したときには真実または真実であると信じられていた説明が、虚偽（untrue）又は誤解を招くものであることを明らかにした場合、その事後に知った情報。」である。このように契約の基礎的な状況が変化したときに当該金融取引が一回性のものではなく継続的なものである場合(33)、顧客がその事情の変化を知ることが客観的に期待されれば、金融機関に情報開示義務があることになる。この公開すべき情報には、従前に販売した金融商品に対する金融機関の新たな情報も含まれると解すべきである。

またホルン教授によると(34)、説明義務には、警告義務（Warnpflicht）が含まれるとする。警告義務とは、顧客が知らない情報で顧客が損失を被る可能性がある顧客の具体的な危険に関して銀行が認識している場合に、事実の通知及び銀行の評価を含む事項の自発的な指摘の義務である。

我が国の学説上(35)も「当事者間に保険契約に関して継続的な関係があり、変額保険契約締結後も通常の保険契約を結んでいるような場合には、契約締結後も状況の変化に対する説明義務が生ずると考えるべきではないか。勧誘時には予測していなかった事態の展開に関しては、その後の状況の変化に関して顧客に注意を促す信義則上の注意義務があるのではないか。……中略。このように考えると、契約締結時に加えて契約締結後も説明義務違反を問題にできる余地がある」というのである。このように考えると、金融機関に対し契約締結後も一定の事項についても説明しなければならないという「説明義務」を認めるのが妥当なのではないか。

またドイツのホプト教授の議論(36)によると、「銀行は、②調査・照会義務（Nachforschung und Ererkundigungspflichten）を負う。これは言い換えると銀行は常に助言者として正確で適切な助言をする義務を負うということである。つまり銀行は助言者として市場の現状について継続的にフォローする義務を負う」としている。これは銀行と顧客の間に包括的な取引契約の一貫として助言契約が締結された場合であるが、我が国で問題となった事件では従前に契約した保険契約についてであり、既に契約関係に入っており、しかも継続的に保険契約を締結している。このように継続的取引がある場合には、特に保険契約のように保険商品が時間により変化する場合は、米国の議論のように先行行為と考えて情報公開義務の一つとして、従前の契約に関する状況が変更した情報に関して、金融機関は説明義務の一貫として情報提供しなければならないと解するべきである。

そのためには金融機関はホプト教授のいう「適切な助言をいつでも顧客に与えるために、適切な組織を備えておくべきであるという組織義務（Organisationpflichten）を持たなければならない(37)と、する。つまり資本市場において圧倒的な能力を持つ銀行は、顧客への助言についても十分な能力のある助言者を自らの費用で設置する義務がある」について検討する必要がある。またこの組織義務はドイツ証券取引法三三条にも規定されている(38)。

確かに理想としては適切な情報を得るためには組織力は必要であろう。しかし例えば米国のディスカウント・ブローカーのように、始めから助言しないことを条件として契約関係を結んだ場合などは、厳密にこの義務は課す必要はないであろう。またこの場合には説明義務自体も、顧客が了承しておりかつ経験のある投資家が多いのであろうから、説明義務の具体的内容自体も軽減されることになる。近年見られるインターネットを使った金融取引も（証券取引に関するディスカウントブローカレッジ）、より高度な投資情報を求める性質のものではない。

逆に個人投資家も手数料を支払って金融機関と投資顧問契約を締結し、より高度な投資情報を希望する場合も考えられる。この場合の金融機関の説明義務は当然のことながらより高度なものが要求され、従って説明義務違反も認められ易くなるであろう。

すなわち現在の我が国の金融機関は基本的にフル・サービスのみである。従って説明義務に関しては一面的に議論しておけばよかったわけである。しかし今後証券業の手数料の自由化、金融取引のオンライン化が進展すると予想されるが、それに伴って当然前述のように説明義務の具体的内容が変化してくるであろう。この場合に最初の契約を十分理解した上で、その内容に注意する必要があるのはいうまでもない。

(1)　東京高判平八年一月三〇日・金融法務事情一四六九号五二頁（本書一一～一二頁参照）。
(2)　東京高判平八年一月三〇日・金融法務事情一四六九号五二頁。
(3)　大阪地判昭和六二年二月二九日・判例時報一二三八号一〇五頁。
(4)　仙台高判平九年二月二八日・金融商事判例一〇二一号二〇頁。
(5)　東京高裁平八年三月一八日・金融商事判例一〇〇〇号三三頁。
(6)　大阪地判平六年七月六日・金融法務事情一三九七号四八頁。
(7)　K. J. Hopt., *Kapitalanlegerschutz im Recht der Banken* 1975 S. 235ff.
(8)　BGHZ74, 103-106, ZIP 1993 S. 1148-1149.
(9)　Cf. Bloom. Andrea., *Lender Liability : Practice and Prevention* (1989). p. 8-9.
(10)　Cf. Bloom. *op. cit.*, p. 9.
(11)　柏木教授は何が「特別事情」かは未だ不明であるとする（柏木・前掲論文、一四九頁参照）。
(12)　本書二〇頁参照。
(13)　本書二一～二二頁参照。
(14)　例えば貸手と借手の情報収集力と判断力の大きな格差により、あるいは貸手の活動に関係して借手の相談に応じてきた等の理由により、借手が貸手に対して特別の信頼を置いている場合、または貸手が借手の特別の信頼を強く勧誘した場合等。

(15) 平井宜雄・債権総論（第二版）五二頁以下。
(16) 磯村・神崎・森田・森本・山田「(座談会) 証券会社の投資勧誘と投資家の自己責任」民商法雑誌一一三巻四・五号五三七頁参照。磯村教授及び山田教授の発言である。
(17) 本書四八頁参照。ＨＧＢ三八四条一項類推適用による理由付けがなされている。
(18) Bloom. *op. cit.*, p. 7-8.
(19) Jacques v. First Nat'l Bank　515 A. 2d 756 (307 Md. 527)　本件は、三二頁注(17)で引用した事件である。メリーランド州控訴裁判所は、銀行に対したとえ取引にはいる前で申込をしただけの顧客に対しても、注意義務を負うとし、その根拠は銀行の公共性にあるとしたのが本件である。
(20) 山下友信「西ドイツにおける証券投資者保護法理の一断面〔一〕」インベストメント（一九八二年一〇月）二三頁によると、社会国家原理という憲法上の原理と私法上の諸原理を結びつける発想は、ドイツでは珍しくないとしている。
(21) 森田・前掲論文七四〇頁参照。
(22) 東京高判平八年一月三〇日金融法務事情一四六九号五二頁。本書一九頁参照。
(23) 大阪地判昭和六二年二月二九日判例時報一二三八号一〇五頁。
(24) 本書四一頁参照。
(25) 後藤巻則「変額保険の勧誘と保険会社・銀行の説明義務」ジュリスト一〇八七号一四二頁以下参照。
(26) 大阪地判昭和六二年二月二九日・判例時報一二三八号一〇五頁。
(27) 松本恒雄「金融機関の紹介責任」金融法務事情一四五八号四一頁以下参照。
(28) 本書三三頁参照。
(29) Assmann, *Prospekthaftung.*, S. 82. によれば、このような責任は信頼形成責任または契約締結上の過失による第三者責任と説明されている〔本書五九頁参照〕。

(30) BGHZ 79, S. 337-340.

(31) 大阪高判平八年一二月五日・金融商事判例一〇一〇号二九頁。

(32) 本書三三頁参照。

(33) この場合注意すべきことは、例えば保険契約はたとえ取引は一回でも契約関係は継続することである。従って契約した預かり資金が元本を割ったような場合には、郵便による通知のような機械的なものでも十分であるので、通知をする義務があると解するべきである。

(34) Prof. Dr. Horn からは、一九九七年九月二九日の姫路獨協大学での研究会において様々な法的示唆を得た。

(35) 岡・前掲論文三五頁。

(36) Klaus. Hopt., *Kapitalanlegerschutz im Recht der Banken*, S. 436-438.（なお、本書四九頁参照のこと）。

(37) Vgl. Hopt., *Kapitalanlegerschutz im Recht der Banken*, S. 438-440.

(38) 本書五二頁参照のこと。

第五節　「金融商品の販売等に関する法律」の検討

周知のように、平成一三年四月一日から、「金融商品の販売等に関する法律（いわゆる金融サービス法）」が施行された。金融機関と顧客との間の紛争が頻発していたことがその原因である。同時に金融自由化が進展し、販売される金融商品が既存の枠ではとらわれなくなり、ワラントやデリバティブなどリスクが顧客にとって理解しにくくなったり、また銀行で投資信託が販売されるなど、業態で分けることも難しくなってきた。また銀行預金に関しても、預金保険法が改正され、平成一四年以降は銀行預金も上限一千万円までしか保護されない。(1) そのような中で投資家及び預金者は、これまで以上に自己責任が要求されるが、本書で論じたように、自己責任を追及するには顧客と金融機関の間の情報格差を埋めなければならない。この観点無しには、自己責任・すなわち契約自由の原則が貫徹される制度的保証が整わないからである。そこでこの観点から、成立施行されている金融サービス法を検討したい。

金融サービス法は、第一条で「この法律は、金融商品販売業者等が、金融商品の販売等に際し顧客に対して説明すべき事項及び金融商品販売業者等が顧客に対して当該事項について説明しなかったことにより当該顧客に損害が生じた場合における金融商品販売業者等の損害賠償の責任並びに金融商品販売業者等が行う金融商品の販売等に係る勧誘の適正の確保のための措置を定めることにより、顧客の保護を図り、もって国民経済の健全な発展に資することを目的とする」と定める。金融サービス法は、このように金融商品販売業者等が顧客に対し、説明義務を尽くさず、損害が生じた場合には、賠償義務が生じると規定している。また第三条一項で、金融商品販売業者等が顧客に対して説明する「重要事項」に関して、①金利、通貨の価格、有価証券市場における相場その他指標に係る変動から、元本欠損が生じる恐れある場合、及び②当該金融商品の販売を行うもの等の財産状況の変化を原因として元本欠損を生じる恐れある場合にその元本割れのリスクに関し、また同時に③当該金融商品の販売の対象である権利の行使機関制限や解約期間の制限もまた説明義務の対象になると、法定された。本書で検討してきたように、これまでの判例では、説明義務の概念自体がなかったり、信義則を通じて認めるが、立証責任の転換に関して、原告に過大な負担を強いるものであったために、必ずしも十分な解決が図られてこなかったが、本法の規定でこの点は十分に前進したといえ、評価に値するというべきである。立証責任に関しては、原告に不法行為の前提として、説明義務の存在についての立証が不要になり、同時に説明がなかったためリスクを認識せずに当該金融商品を購入したことが推定され（同法第四条）、元本割れの額が損害額であることも推定される（同法第五条一項）こととなるため原告側の立証が不要となり、[2]立証責任が軽減される。また何より金融機関の側に、「説明しなければならない」という意識が生まれ、日常業務においてその姿勢が生まれたことは、金融サービス法がいうように、「国民経済の健全な発展に」資すること大であろう。この点は大きな前進といわねばならない。

しかし本書で考察してきた観点からは、以下のような問題点もまだ解決されていないといわねばならない。まず適合性の原則に関してであるが、金融サービス法第三条四項で、①顧客が機関投資家のように、金融商品の販売に関し、専門知識を持つ場合、②オンラインのディスカウントブローカー証券会社の顧客のように、重要事項に関し、予め説明を要しない旨の顧客の意思表示がある場合には、はじめから金融商品販売業者等による重要事項の説明は、必要ではないとされている。但し②に関しては、説明を要しない意思表示を行う際に、当該顧客がその意味を良く理解してから、意思表示を行う必要があることはいうまでもない。本書の考察からも、これらの場合には、金融商品販売業者による説明義務が不要であることは理解される。しかし適合性の原則の本質は、顧客の知識・理解レベルに応じて必要な情報を提供することであり、そのような理解に基づいた規定が金融サービス法には見られない。つまり適用除外のみを規定し、顧客の知識・情報レベルを自己責任を問いうるため必要なレベルにまで達せさせること、という理解が根本的に欠落しているといわねばならない。この点本稿の考察とは基本的に異なる。このことから予想されることは、金融商品販売業者等が、例えば約款を渡すだけのような形式的な説明をすれば、たとえ相手が理解していなくとも説明義務を尽くしたことになり、免責されることになってしまう。この点金融サービス法は、不備といわねばならない。

また二〇〇一年八月に大手スーパーが民事再生法の適用を申請し、事実上倒産したが、それに関連してそのスーパーが発行した社債を購入した二万人以上の投資家が、自らの保有する社債が債務不履行となり、大きな問題となっている。当該社債を販売した時点では、その格付けは投資適格だったが、その後その格付けは急落し、その後当該スーパーは倒産したものである。社債を購入した投資家には償還されないわけだが、当該社債券を販売した証券会社は、金融サービス法によっても販売時に責任は生じない、と主張している。確かに金融サービス法では、販売時以降の情報提供は規定されていない。しかし事実として、証券会社は当該社債の格付けが急落したことは日常の業務で知っていたものであり、例えば当該顧客と継続的取引が続いていた場合でも、当該情報を顧客に通知する義務は全くないだろうか。

既述したように本稿では、米国のリステイトメント五五一条二項(c)から、先行行為により情報開示義務を負ったものは、その後の重要な情報の変化に関し、顧客がその事情の変化を知ることが客観的に期待されれば、金融機関は情報通知義務を負ったものと解するとしたが、この社債販売の場合はその事例に該当しないだろうか。また警告義務に関しても、ホルン教授の議論は契約締結時に金融機関が知っていて告げない場合は、警告義務違反となり、説明義務の一形態となりうる、とした。またホプト教授のいう調査照会義務は、助言契約が継続している場合には、本件社債のように勧誘時には生じていなかった状況の変化があるときには、当該情報につき情報開示義務を負うとしている。従って、当該社債のように、販売時には信用リスクはあまり高くなかったものが、その後の急激な変化により、投資不的確の格付けに至ったときは、証券会社は情報提供義務があると解すべきである。

実務を考えてみると、社債を販売した証券会社は通常当該顧客と継続的な口座開設契約を締結しているはずであるし、本件で社債を引き出している等の場合は例外として、証券会社は社債を販売した顧客のデータは、顧客リストとして保有しているのが通常である。実務上本件社債のように急激な信用状態の変更があった場合には、当該社債を販売した営業店には、本部から特別の通達があり、担当者にそれに関する連絡が行っているのが通常である。従って、証券会社側には当該情報を通知できるの能力と体勢は十分整っているといえる。実務を考慮し、当事者の利益を考慮すると、本件社債に関し、社債を購入した顧客は、もし証券会社から連絡がない場合には、顧客は証券会社が知っていて通知しなかったものと推定でき、逆に証券会社側からもし通知しても顧客が保有し続けただろうという証明がない限り、説明義務に違反したと解するべきである。

金融サービス法には、このようなアフターケア義務に関する規定はない。同法第七条は、勧誘の適正の確保を規定し、「金融商品販売業者等は、業として行う金融商品の販売等にかかる勧誘をするに際し、その適正の確保に勤めなければならない」と規定する。この規定は、勧誘に関する一般条項と考えられるが、直接七条からアフターケア義務を導くのは困難である。また同法六条により準用される民法にも、アフターケア義務に関する規定はない。そこで解釈論上、金融サービス法七条の精神に基づき、民法上の信義則を媒介として、金融商品を業として販売するものは、アフターケア義務を負っていると解するべきである。

（1）　平成一三年一一月現在、平成一四年四月以降は定期性の預金が上限一千万円までしか保護されなくなり、平成一五年以降は、決済性預金も一千万円までしか保護されない。
（2）　森田章・金融サービス法の法理（二〇〇一年、有斐閣）三〇一頁参照。

第二章　銀行取締役の注意義務

問題の背景

二〇〇〇年九月二〇日大阪地裁で大和銀行株主代表訴訟第一審判決が下された。第一審でありながら、判決で示された賠償額が七億ドル以上と非常な多額であったため、コーポレート・ガバナンスの議論とともに、株主代表訴訟の議論が一気に高まった。しかしその議論は、いかにして代表訴訟を制限するかが中心であり、大和銀行事件自体や銀行の取締役について議論しているものは多くない。

また近年バブル経済崩壊に伴い、金融機関の破綻が相次いでいる。その際公的資金が投入され、それに対して様々な批判が続いている。また破綻した銀行の旧経営陣に対し、乱脈経営や違法取引（特に融資取引）にたいし責任追及する訴訟が提起されている。その際銀行取締役と一般事業会社の取締役は、注意義務について、同じ内容の義務を負っているのだろうか。

一方アメリカでは、我が国より一足早く一九八〇年代以降金融機関の破綻が相次ぎ、破綻した金融機関を引き継いだＦＤＩＣ（連邦預金保険機構）が旧経営陣に対し責任追及の訴えを多数提起した。その中でＦＤＩＣは旧経営陣に対し、銀行（貯蓄金融機関）破綻の責任追及の訴えを起こし、多数の判決が出ている。

本章ではまず大和銀行事件に関し、銀行取締役（専門家）という視点から検討を加え、同時にアメリカ法の検討を通じて、我が国の銀行取締役に関する訴訟を深く検討したい。その上で銀行取締役の注意義務基準に関し、具体的に検討していきたい。

大和銀行株主代表訴訟では、元取締役NY支店長に対し、監視義務違反による取締役の注意義務違反が認められ、違法取引による同行の損失額一一億ドルのうち、五億三、〇〇〇万ドルの支払いが命じられた。元行員I氏による違法取引を防げなかったことは、取締役支店長の監視義務違反とされたものである。大和銀行事件には批判が強かったが、一般事業会社の取締役ではなく、金融取引の専門家である銀行取締役が、検査の際に照合すべき検査対象である残高証明書を同一人物に入手させ、改ざんの機会を与えてきたことは、銀行の取締役をかねる検査の任に当たるものとして「著しく不当」に当たらないだろうか。我が国の銀行では、取締役の多くは社員を経て取締役になったオフィサーであり、社外取締役ではない。つまり何十年も金融業務に精通したものが取締役となるのが通常である。

また経営破綻した金融機関の旧役員らに、不良債権を引き継いだ整理回収機構が損害賠償請求した事件[(1)]で、裁判所は「決済時に回収不能になると十分予見できた」と判断した。多数の金融機関が破綻した現在、整理回収機構による旧経営陣に対する責任追及は今後ますます増加すると考えられる。

銀行の業務は、融資、決済、預金である。とすると銀行は株式会社としての側面の他に、免許を受けた特殊産業としての側面を持つ。銀行取締役は、特に従業員から取締役になったものは、長年銀行業務に精通したいわばプロである。従って銀行取締役は、銀行業務に関して、通常の人間と比べて、深い知識を持つのは当然である。従って当該取締役が注意義務違反か否かを判断する際に、一般人が同様の立場の銀行取締役であれば、下しただろう判断を基準とすべきである。従って、銀行の取締役の注意義務は、他の専門家、例えば弁護士あるいは医師と同様の専門家責任と考えられるべきである。

大和銀行事件で経済界がショックを受けたのは、賠償額はもちろんであるが、裁判所が善管注意義務・忠実義務違反として、これまでの法令違反だけでなく、不作為義務違反を取締役の義務違反と捉えたことである。言い換えるとこれまでは、違法融資や法令違反さえ気をつけていれば、事実上経営判断の原則が適用され、免責されることがほとんどだったが、大和事件では積極的に取締役の監視義務を認め、監視義務違反を認めた。このことはつまり、取締役は、サラリーマン生活の締めくくりとして、普通に職務をこなせばいいのではなくて、取締役とは、経営の専門職であり、プロであるという認識が必要である。この意味で大和事件は、裁判所が、経営判断の原則のベールを超えて、取締役の職務内容まで判断した事件といえよう。従って問題は銀行取締役として注意義務違反を問われないためには、どのような基準及び業務をこなすことが必要なのか注意義務基準を類型化する必要がある。本章は、日米の銀行取締役に関する判例や学説を参照しながら、注意義務基準を具体的に検討していきたい。

第一節　「銀行取締役の注意義務」の必要性

一　我が国銀行行政と銀行取締役の注意義務――大和銀行事件を中心に

大和銀行事件では、我が国銀行取締役に関連する問題が、如実に現れている。それは旧大蔵省による銀行行政と取締役の経営判断の問題、そして銀行業務に対する銀行取締役の注意義務の問題である。以下具体的に検討したい。

1　事実概要及び判決

訴外大和銀行は同行ニューヨーク支店（以下NY支店と略記する）において昭和五一年現地社員Iを採用したが、Iは昭和五九年から一一年余の間米国財務省証券の不正取引（無断取引・簿外取引）を行い、大和銀行に約一一億ドルもの損失を生じさせた。Iは当初銀行内で認可されていた三〇〇万ドルという取引限度額の枠内で米国財務省証券の取引を行っていたが、昭和五九年六月頃一回の取引で約二〇万ドルの損失を被った。そこでIはこの損失を取り返すため無断かつ簿外で財務省証券の取引を行ったが逆に損失は拡大し、取引額は平成元年頃には二〇億ドル、損失額は平成七年には約一一億ドルになった。

その後大和銀行は当時の代表取締役頭取らが訴外Iから書簡を受け取り、事件を把握したにもかかわらず、米国法に従い所定の三〇日以内に米国金融当局に通知しなかったため、連邦司法当局から起訴され、司法取引により罰金三億四千万ドル及び弁護士報酬一千万ドルを支払った。その後大和銀行は平成七年一一月NY

州銀行局等から業務停止命令を受け、平成八年二月米国内の全ての支店を廃止し、米国内業務から撤退したものである。

本件は上記事件に関わる株主代表訴訟（商法二六七条）であり、原告X及び参加人らは大和銀行の株主であり、被告Yらは大和銀行の当時及び現在取締役又は監査役の地位にあるものである。

本件は甲事件及び乙事件という二つの損害賠償事件が併合審理されたものである。そのうち甲事件は、NY支店元行員Iが約一一億ドルの損害を出したことにつき、当時代表取締役及び取締役NY支店長の地位にあったものが、行員による不正行為を防止し、損失を最小限に押さえるための管理体制（内部管理システム）を構築すべき善管注意義務及び忠実義務があったのにこれを怠り、その他の取締役及び監査役は前出の代表取締役らが内部統制システムを構築しているか否かを監視する善管注意義務及び忠実義務があったがこれを怠り、本件無断取引等を防止できなかったものとして、大和銀行が被った一一億ドルの損害金を同行に返還することを求めた株主代表訴訟である。

また乙事件は、二つの争点がある。第一に大和銀行が米国内で無断取引等を隠匿し前述の刑事訴追を受けたことにたいし、判決別紙「訴因概要一覧」(2)のうち一六の訴因に関し有罪の答弁を行い、罰金を支払った。このうち訴因一四ないし二〇に関しては、各訴因にかかる当時の代表取締役らが内部統制システムを構築すべき善管注意義務及び忠実義務があったのにこれを怠り、その余の取締役はこれを監視すべき善管注意義務及び忠実義務があったのにこれを怠りIが訴因一四ないし二〇を構成する虚偽記載などを行うことを防止できなかった。第二に訴因一ないし七、二三及び二四に関して、訴因当時代表取締役らが米国法令に違反して所定の日数以内に米国金融当局に報告をしないために刑事訴追を受けた点及びその余の取締役らに監視義務に関し取締役としての任務懈怠があったか否かが問題となる。同時に大蔵省には報告したが、「米国監督当局に報告しない」という判断が、取締役の経営判断として妥当か否かが問題となった。

従って本書では、判決を争点①（内部統制システムに関する任務懈怠行為：甲及び乙事件）と争点②（米国法令違反に関する任務懈怠行為：乙事件）に分けて議論する。

（判決）　争点①に関し判決は「ニューヨーク支店は、Ｉが本件無断取引を始めた昭和五九年六月頃には、…フロントオフィスとバックオフィスの分離を実施していたのであり、その後、順次様々な仕組みを追加し整備してきた。…したがってニューヨーク支店における財務省証券及びカストディ業務に関するリスク管理体制は、…大綱のみならずその具体的な仕組みについても整備されていなかったとまではいえないものと言うべきである。

…大和銀行本部（検査部）、ニューヨーク支店及び会計監査人が行っていた財務省証券の保管残高の確認はその方法において著しく適切さを欠いていたものと評価される。…残高確認を行うに当たって預かり保管する証券の性質に応じた適切な方法を採り、いわば現物確認をすることが必要である。証券が発行されているのであれば、…証券の現物と帳簿上の記載を突合することが必要であり、…証券が発行されない登録債であり、かつ、バンカーズトラストにその保管を再委託している場合にはカストディ業務の担当者を介さず、直接バンカーズトラストにたいして保管残高の照会を行うことが必要となる。それにも関わらずニューヨーク支店では、…検査対象であるニューヨーク支店あるいはカストディ係にバンカーズトラストから財務省証券の保管残高明細書を入手させ、その保管残高明細書と同支店の帳簿とを照合する方法を採用していた。そのためＩに保管残高明細書を改ざんする機会を与える結果となり、本件無断売却及び訴因一四ないし二〇にかかる行為を発見防止することが出来なかったのであり、大和銀行のリスク管理体制はこの点で実質的に機能していなかったものと言わねばならない。

…店内検査及び内部監査担当者による監査は、ニューヨーク支店長の指揮の下行われるのであるから、取締役が支店長を務めている場合には、同支店長が業務担当取締役として、あるいは使用人兼務取締役として財務省証券の保管残高の確認方法が適切さを欠いていたことにつき、任務懈怠の責めを負う。…被告Y_1は支店長として同支店が実施した店内検査及び内部監査担当者による監査において、財務省証券の保管残高の確認を極めて不適切な方法で行い、また適切な方法に改めなかったため、Ｉの本件無断売却を発見あるいは防止することができず、本件訴因一四ないし二〇にかかる行為を未然に防止することができなかったものである。……」として昭和六一年一〇月にニューヨーク支店長に就任した担当取締役Y_1に五億三〇〇〇万ドルの賠償を命じたが、平成三年一月及び平成七年五月にニューヨーク支店長に就任した取締役に関しては、就任後に損害が生じたか不明であり、同被告らが「任務を懈怠した結果損害が生じたという事実について立証がない。」として責任を認めなかった。その余の取締役に関しても「各業務担当取締役の業務執行の内容につき疑念を差し挟むべき特段の事情がない限り監督義務懈怠の責めを負うことはない」とした。

争点②に関して判決は、「取締役は営利を目的とする会社の経営を委ねられた専門家として長期的な視点に立って全株主にとって最も利益となるように職務を遂行すべき善管注意義務及び忠実義務を負っている(商法二五四条三項、民法六四四条、商法二五四条ノ三)。…専門家である取締役にはその職務を遂行するに当たり、広い裁量が与えられているものと言わねばならない。従って取締役に対し、過去の経営上の措置が善管注意義務及び忠実義務に違背するとしてその責任を追及するためには、その経営上の措置を執った時点において、取締役の判断の前提となった事実の認識に重要かつ不注意な誤りがあったか、あるいはその意思決定の過程、内容が企業経営者として特に不合理、不適切なものであったことを要すると解するのが相当である。もっとも、このように、取締役には広い裁量権が与えられているが、前判示の通り、取締役は会社経営を行うに当たり、外国法令を含む法令を遵守することが求められているのであり、取締役に与えられた裁量も法令に違反しない限りのものであって、取締役に対し、外国法令を含む法令に従うか否かの裁量が与えられているものではない。……（しかるに）被告Y_2らは、米国で事業を展開しているにもかかわらず、米国当局の監督を受けていること、並びに、米国の外国銀行に対する法規制の峻厳さに対する正しい認識を欠き、米国当局に対する届出を行わず、米国法令違反行為を行うという選択を行ったものである。取締役に与えられた広い裁量も、外国法令を含む法令に違反しない限りにおいてのものであり、取締役に対し、外国法令を含む法令に違背するか否かの裁量まで与えられているものではないから、前判示の通り被告Y_2らは取締役の善管注意義務及び忠実義務に違反したものである。

乙事件被告らは大蔵省の要望、示唆に反して本件無断取引及び無断売却の事実を米国当局に報告する期待可能性がなかったと主張する。しかしながら、大蔵省が被告Y_2らに権限に基づき米国当局に対する報告を行わないように指示ないし命令を行ったことを認める証拠は、当法廷に提出されていない。加えて、米国で銀行業を営む以上米国の銀行に対する法規制に遵う義務を負うのであり、被告Y_2らは銀行の経営者として自ら適切な経営判断を行う職責を持っていたのである。被告Y_2らは我が国の経済が発達し、地球規模に拡大しているにもかかわらず、我が国内でのみ通用するローカルルールに固執し、大蔵省銀行局長の威信を頼りとして大和銀行の危機を克服しようとして、米国当局の厳しい処分を受ける事態を招いたものである。期待可能性がなかったという乙事件被告らの主張は、大蔵省の判断及び指示に依存して銀行経営を行い、自らの判断を行わないことが許されることを意味するが、もとよりそのような主張を採用することはできない。…仮に乙事件被告らが本件訴因一ないし七にかかる行為の時点で米国の法規制の詳細な内容を十分には把握していなかったとすれば、本件無断取引及び無断売却により約一一億ドルもの多額の損害を受けるという事件は日常的に経験するものではなく、希有で異常な事件であるから米国において事業を展開する会社の経営者として直ちにこの希有で異常な事件に対する米国法制の調査及び検討を行うべきであった。ところがIの本件書簡を受け取った被告Y_2のほか同被告から直接又は間接に本件無断取引及び無断売却の事実を聞いた取締役はこれを怠り、…（平成七年八月）二五日になって初めて日本の法律事務所を通じて米国の法律事務所に照会して調査を行ったものである。調査は誠に遅きに失したものといわなければならない。…したがって、仮に、乙事件被告らが本件訴因一ないし七に係る行為の時点で、各行為が米国連邦法典に違反することを知らなかったとすれば、米国で事業を展開する銀行の経営者として、過失があることは明らかであり、知らなかったことについてやむを得ない事情は認められない。以上によれば被告Y_2らは大和銀行が当時置かれていた厳しい状況を考慮しても、企業経営者として著しく不合理かつ不適切な経営判断を行ったものであるから、取締役の善管注意義務及び忠実義務に違反したものというべきである。」として、乙事件では罰金及び弁護士報酬三億五千万ドルについて被告のうち一一名に任務懈怠が認められるとした。その上で「罰金の対象となった本件有罪答弁訴因は一六の訴因で構成されており、右被告らがそのうち七個の訴因に係る事実についてのみ責めを負うことを考慮すると、右被告らに対し、罰金及び弁護士費用の全額に相当する金額を問うのは相当ではなく、寄与度に応じた因果関係の割合的認定を行うのが合理的である」としてその二割（七〇〇〇万ドル）から七割（二億四千万ドル）の限度で支払いを命じた。

2　商法二六六条一項五号にいう「法令・定款」違反

周知のように本件はその賠償額の大きさから非常に注目を集めた判決であり、本件を契機に株主代表訴訟及びコーポレートガバナンスの議論が一気に高まった。八〇〇億円という賠償額は確かに取締役個人の収入額を超えているし、原告適格など株主代表訴訟そのものにも問題がないとはいえない。しかしこの問題は本書で扱う「銀行取締役の注意義務」とは、直接関係がないと思われるので、本章では本件自体の論点に限って議論することにしたい。

本争点は、いいかえると商法二六五条一項五号「法令」に外国法令が含まれるか否かという問題になる。この点に関し判決は「取締役には広い裁量権が与えられているが、前判示の通り、取締役は会社経営を行うに当たり、外国法令を含む法令を遵守することが求められているのであり、取締役に与えられた裁量も法令に違反しない限りのものであって、取締役に対し、外国法令を含む法令に従うか否かの裁量が与えられているものではない。……（しかるに）被告Y_2らは、米国で事業を展開しているにもかかわらず、米国当局の監督を受けていること、並びに、米国の外国銀行に対する法規制の峻厳さに対する正しい認識を欠き、米国当局に対する届出を行わず、米国法令違反行為を行うという選択を行ったものである。取締役に与えられた広い裁量も、外国法令を含む法令に違反しない限りにおいてのものであり、取締役に対し、外国法令を含む法令に違背するか否かの裁量まで与えられているものではない」として判決は明確に外国法令も商法二六六条一項五号にいう「法令」に含まれるとしている。思うに、条文上法令を国内法と限る必要はないし、商法が

「法律」ではなく「法令」とした理由は、何々法と名前が付く法律のみを指すのではなく、法的保護に値する政令、省令、一般則、及び国内的に効力を持つ条約等もその対象とすることにあるはずである。そうならば外国で事業を営む会社は、当該会社が所在する国内法が明らかに我が国の法令に反しない限り、つまり規制法として同じ目的を持つ限り当該諸国の法令に従う義務を有すると解するべきであろう。その際川村教授のいわれるように、(3) 外国法令違反は、一般規定違反としての善管注意義務違反・忠実義務違反を経由して、商法二六六条一項五号の「法令」に該当するというべきである。

本件についてみるに、大和銀行が違反したのは米国連邦規則法典(4)であり、例えば訴因一は米国連邦規則法典一二編二〇八・二〇条及び二一一・二四条によると(5)会社にたいし従業員が犯罪を犯したことを伺わせるような状況にあるときは犯罪届けを連邦司法当局に提出することを義務づけるとともに、当該被疑事実が緊急の措置を要する場合には当該被疑事実を至急連邦司法当局に通知するとともに三〇日以内に報告書を提出することを義務づけていたが、おおよそ本条は銀行規制上妥当な規定・措置であり、規制法として妥当な内容であるから、我が商法二六六条一項五号の趣旨に矛盾しない。他の訴因も同様であるので、本件「外国法令」が商法二六六条一項五号にいう「法令」に含まれると解しても問題はないであろう。

続いて最高裁判例により、本条は法令違反につき故意又は過失を必要とするが、(6) 本件被告が外国法令を含む「法令」に違反したことについて過失があるだろうか。判決は「仮に乙事件被告らが本件訴因一ないし七にかかる行為の時点で米国の法規制の詳細な内容を十分には把握していなかったとすれば、本件無断取引及び無断売却により約一一億ドルもの多額の損害を受けるという事件は日常的に経験するものではなく、希有で異常な事件であるから米国において事業を展開する会社の経営者として直ちにこの希有で異常な事件に対する米国法制の調査及び検討を行うべきであった。ところがIの本件書簡を受け取った被告Y_2のほか同被告から直接又は間接に本件無断取引及び無断売却の事実を聞いた取締役はこれを怠り、…（平成七年八月）二五日になって初めて日本の法律事務所を通じて米国の法律事務所に照会して調査を行ったものである。調査は誠に遅きに失したものといわなければならない。」とし、結論として「米国で事業を営む経営者として過失があったことは明らかであ」るとしている。この点について重要な先例である野村證券損失補塡事件最高裁判決[7]は、同社の損失補塡行為が独占禁止法に違反するが、同行為につき取締役には過失がないとしている。確かに最判平成一二年七月七日は「一部の顧客に対し有価証券の売買等の取引により生じた損失を補塡する行為は証券業界における正常な商慣習に照らして不当な利益の提供というべきであるから、野村証券がT社との取引関係維持拡大を目的として同社にたいし損失補塡をしたことは一般指定の九（不当な利益による顧客誘因）に該当し、独占禁止法一九条に違反するものと解するべきである。」としている。しかし同判決は「公正取引委員会は第一二一回衆議院証券及び金融問題に関する特別委員会が開催された平成三年八月三一日の時点においてもなお損失補塡が独占禁止法に違反するという見解をとっておらず、公正取引委員会が本件損失補塡を含む証券会社の一連の損失補塡が不公正な取引方法に該当し、独占禁止法一九条に違反するとして同法四八条二項に基づく勧告を行ったのは同（平成三）年一一月二〇日であったという。右事実関係の下においては被上告人らが本件損失補塡を決定し、実施した平成二年三月の時点においてその行為が独占禁止法に違反するという認識を有するにいたらなかったことにはやむを得ない事情があったというべきであって、右認識を欠いたことに過失があったとすることはできないから」としている。両判決は整合的であって、矛盾するものではない。つまり本件は被告取締役らが行為した時点で、たとえ被告が知らなくとも調べればすぐに違法であることが分かったのに対し、野村證券事件では損失補塡を実施した当時公正取引委員会が公式に損失補塡が違法とは宣言していなかったのであるから、調べても分からない状況にあったといえよう。したがって調べれば違法と分かる本件は被告に過失ありで、調べても違法であるという公式見解が無かった野村證券事件における被告には過失なしというのは整合的ではなかろうか。

3　銀行取締役の注意義務

争点①（内部統制システムに関する任務懈怠行為：甲及び乙事件）　この問題に関し、判決は内部統制システムに関し論点を（1）フロントオフィスとバックオフィスの分離、（2）財務省証券取引業務とカストディ業務の分離に分けて議論している。議論の前提として「取締役は自ら法令を遵守するだけでは十分でなく、従業員が会社の業務を遂行する際に違法な行為に及ぶことを未然に防止し、会社全体として法令遵守経営を実現しなければならず、取締役は自ら全て業務を掌握することは不可能であるので、従業員が職務を遂行する際違法な行為に及ぶことを未然に防止するための法令遵守体制を確立する義務があり、これも善管注意義務及び忠実義務の内容をなす」、としている。この点に関し異論はない。経営者としての取締役の職務は、法令遵守を当然の前提として、従業員の法令遵守体制を構築し、会社全体として法令遵守経営を行うのは当然であろう。金融取引、特に財務省証券等の債券のディーリング業務においては、金融取引手法の複雑化高度化に伴ってそのリスクは非常に高いものといわなければならない。特に取引担当者が自己又は第三者の利益を図るため権限を濫用する可能性が高く、しかも取引による価格変動リスクが現実化した場合には当該銀行のみならず金融システム自体にも大きな影響を与える恐れがある。したがって法令遵守経営を行うことは、取引に伴う事務リスクを適切に把握することにもつながる。

その上で（1）フロントオフィスとバックオフィスの分離について判決は「ニューヨーク支店は、Iが本件無断取引を始めた昭和五九年六月頃には、…フロントオフィスとバックオフィスの分離を実施していたのであり、その後、順次様々な仕組みを追加し整備してきた。…したがってニューヨーク支店における財務省証券及びカストディ業務に関するリスク管理体制は、…大綱のみならずその具体的な仕組みについても整備されていなかったとまではいえないものと言うべきである。」としてこの点に関し取締役の任務懈怠を認めていない。思うに金融取引、金融商品はすさまじいスピードで発展していくが、それに伴うバックオフィスによるリスク管理体制はその時々の最善の体制をつくりかつそれで足りると解すべきである。本件では限定された限度ではあるが、順次にポジション枠や損切りルールなどリスク管理体制を整備してきたものであり、銀行として著しくリスク管理体制整備義務に違反したとはいえないであろう。医療過誤事件のように「当時の医療水準に照らし、相当と認められる」程度に義務を尽くせば、責任を問われることはないであろう。

次に（2）財務省証券取引業務とカストディ業務の分離に関してであるが、判決は「被告Y_1は支店長として同支店が実施した店内検査及び内部監査担当者による監査において、財務省証券の保管残高の確認を極めて不適切な方法で行い、また適切な方法に改めなかったため、Iの本件無断売却を発見あるいは防止することができず、本件訴因一四ないし二〇にかかる行為を未然に防止することができなかったものである。」としてY_1の取締役の善管注意義務・忠実義務違反を認めている。

株主代表訴訟において、取締役の会社に対する責任を認める善管注意・忠実義務基準をいかに考えるか。株主も株主総会や商法が株主に与えた各種権能を用いて、取締役の経営を監視する義務があり、その点も考慮すべきである。具体的には、野村第一審判決がいうように[8]「事実の認識について不注意な誤りがなかったかどうか。またその事実基づく意思決定の過程が通常の企業人として著しく不合理なものでなかっかどうかという観点から審査を行うべきであり、その結果前提となった事実認識に不注意な誤りがあり、または意思決定の過程が著しく不合理であった場合には、取締役の経営判断は許容される範囲を逸脱したものとなり、取締役の善管注意義務または忠実義務に違反するものと解するのが相当である」。

しかしこの場合取締役の注意義務の認定基準は、龍田教授によると、[9]「同様の立場にある人が同じ状況の下で考えてもおかしくない判断であること。」となるが、そう考えると他の銀行取締役又は検査の役職にあるものがこの検査を「著しくおかしい」ものと見るか否かがポイントとなる。しかしこの論理によると、本件及び証券業界における損失補塡のような業界全体の事件の場合、全ての取締役が責任を免れてしまう。この点に関し米国法を参照した上、三で改めて検討したい。

4　護送船団行政と経営判断

争点②（米国法令違反に関する任務懈怠行為：乙事件）について　また本件被告らが主張する「通知しないことが経営判断の原則の範囲内」であるか、または「大蔵省の要望、示唆に反して本件無断取引及び無断売却の事実を米国当局に報告する期待可能性がなかった」については、銀行におけるコーポレートガバナンスの問題である。我が国会社法は結果的に、株式持合・系列取引等による株主総会の形骸化や代表取締役へのモニター不在という問題をもたらしたが、銀行においてはさらに当時監督官庁であった大蔵省による護送船団方式による行政という問題が存在した。すなわち各銀行は「ＭＯＦ担」と呼ばれる行員を派遣することにより大蔵省の意向を得ることで自己責任による経営を行うことなくその規模を拡大してきたものである。「大蔵省の要望、示唆に反して本件無断取引及び無断売却の事実を米国当局に報告する期待可能性がなかった」という本件被告の主張は、このことを裏付けるものである。護送船団行政が行われていた当時、正式の命令ではないが、「今はまずいなあ」という銀行局長の見解に反して、大和銀行が米国司法当局に通知するというのはかなり困難であろう。他行の取締役でも同様の判断を下したかもしれない。しかし本件被告の間には当時本件の影響を最小限にするため公表を遅らせたいという意図がなかったか。つまりはじめから公表を遅らせようとする意思の上に、銀行局長の見解をいわば利用した側面はなかっただろうか。その意思がないと米国内法の三〇日という期限をみすみす見過ごすことは通常考えられないし、これだけの額の損失であるからたとえ知らなくとも直ちに米国法を調べるのが取締役としての常識であるし、通常の慎重さを持つ一般人ならば同じ状況でもそのように行動するのではないだろうか。そう考えると判決のいう「米国で銀行業を営む以上米国の銀行に対する法規制に遵う義務を負うのであり、被告Y_2らは銀行の経営者として自ら適切な経営判断を行う職責を持っていたのである。被告Y_2らは我が国の経済が発達し、地球規模に拡大しているにもかかわらず、我が国内でのみ通用するローカルルールに固執し、大蔵省銀行局長の威信を頼りとして大和銀行の危機を克服しようとして、米国当局の厳しい処分を受ける事態を招いたものである。期待可能性がなかったという乙事件被告らの主張は、大蔵省の判断及び指示に依存して銀行経営を行い、自らの判断を行わないことが許されることを意味するが、もとよりそのような主張を採用することはできない。」が、説得力を持つのでは無かろうか。おおよそ会社経営において自己責任のない経営というものは本来無いはずであり、銀行経営も一層自己責任で行う必要がある。同時に大蔵省は正式の命令という意図はなかったにせよ、護送船団行政が続く中で銀行局長が自己の見解を述べることがどのような意味を持つか考えるべきであったし、自由化された金融行政の中に残った護送船団と呼ばれる体制こそが非難されるべきものである。

護送船団行政でもっとも大きな問題点は、銀行取締役にモラルハザードを産んでしまうことである。自ら経営判断を下す必要があるときに、規制当局に意見を聞くことで、自己責任による経営を行わなくても良いとすれば、この主張こそがモラルハザードというべきであろう。

二 銀行取締役に関する米国判例法の展開と注意義務の程度

1 FIRREA以前の銀行取締役の注意義務に関する判例

銀行の取締役の注意義務を別に考えようとする議論は、以前から米国に存在する。破綻した銀行の取締役の注意義務に関して、古くはブリッグス対スポルディング事件[10]により取締役の注意義務に関して、軽過失基準が連邦コモンローとして広く認められてきたが、しかし各州によりこの基準を採用するうかどうか統一的な見解がなかった[11]。

その後アメリカでは、大恐慌の影響で一九三〇年代に、銀行が多数倒産した。その多くは不良債権が原因であり、その結果金融機関の取締役の責任追及が多く行われた。

一九三四年ニューヨーク州裁判所で判示された、ブロデリック対バンディ[12]事件は、被告銀行取締役の違法行為により生じた多額の損失の賠償をNY銀行法（当時）八一条に基づき、請求したものである。判決は銀行取締役は他の一般事業会社の取締役より、より注意深く判断する義務を負うとし、その理由は、本件は他の銀行買収のため、担保をほとんど取らないで貸し付けたローンが焦げ付いた事案において、「(銀行取締役は）、預金者の資金が安全に（secured）かつ注意深く運用されているか監視する責任がある。銀行の資金は産業に資金を供給するために、会社に対して貸付という形で配分される。取締役の主な責任は、貸付という形で、銀行資金が安全かつ合法的に運用される」と判示した。

また倒産した銀行の取締役らが、頭取らが行った六年にも渡る担保を取らない（unsecured）債券取引をチェックできなかったのは取締役の監視義務違反であると訴えられたアサートンら対アンダーソン事件(13)では、取締役らは「銀行のあらゆる事業に対し合理的な監視（Reasonable Supervision）を尽くした」と主張したが、判決は取締役会で配られた資料を注意深く読んでいれば、当該詐欺的行為を発見できた」とした。問題は本判決が、銀行の特殊性に言及している点であり(14)、銀行取締役は株主に対して善管注意義務（Duty of Care）を負うだけでなく、預金者のためにも義務を負うとしている。この意味で銀行は準公的機関となる。

また一九八〇年代の事件であるが、ＦＩＲＲＥＡの立法がなされる前であったのでここで述べるが、メリーランド州預金保険機構が破綻した貯蓄貸付組合を引き継いで、旧役員らに善管注意義務忠実義務に違背したとして訴えたビルマン対州預金保険機構事件(15)では、次のような判決が下された。即ち裁判所は、貯蓄金融機関の取締役は公衆に属する資金を信託されているので、一般事業会社の取締役の注意義務よりより程度の高い義務を負っているとした。その点に関し判決は、「貯蓄金融機関の役職員は、重過失に反した場合責任を負うべきであるが、重過失とは預金や貸付に対し直接の（proximate）の損害を与えるものである。（この意味において）重過失とは、結果の発生に対する無謀な軽視を伴う義務の不履行」と定義された(16)。また注意すべきは、取締役の注意義務に関しては、会社の類型ごとに分けて考えるべきとした点である。

大和銀行事件が起きたＮＹ州に関して、州コモンローとしての判決であるリトウィン対アレン事件(17)は、株主による派生訴訟（Derivative Lawsuit）である。取締役らは不適切な第三者に対する融資取引により、信託会社（銀行）に多額の損害を与えた。本件において判決は、「銀行取締役は、もちろん正直に（Honestly）そして善意（in good faith）で行動しなければならないが、それでは足りない。取締役はそれにふさわしい慎重さと勤勉さ（Prudense and Diligence）を必要とする」とした。同時にＮＹ州銀行法六七四条[18]によると、銀行取締役は、会社（銀行）の営業状況に関しよく知っているものと推定し、法律違反に関する訴訟では、外国銀行であっても法律の不知は、抗弁とならないと規定している。大和銀行事件はＮＹで起きたので、この点は重要である。

その後融資に対する取締役の監視義務に関するFDIC対ビアマン、スタンリー（Birman, Stanley）事件[19]では、「銀行取締役は、銀行業務に関連して合理的な監視（Reasonable Supervision）を行う信認（Fiduciary）義務を負い」とし、取締役は専門家として「貸付機能を適切に監視（adequaetely Monitor）」しなければならないとされている。同判決はさらに、「注意義務の適切な基準（appropriate Standard）について、銀行取締役に義務づけられているものは、通常慎重で勤勉な（prudent and diligent）人が同じ状況で行使したであろう基準であり、この基準の下で銀行取締役は、「銀行の状況を確認（ascertain）し、合理的な監督権を行使し、それを監視する」義務を負うことになる。このように米国判例では銀行取締役は、銀行業務を十分に把握し、通常人の慎重さ及び勤勉さで業務を監視する義務を負うとされている。

このように一九三〇年代から一九八〇年代までは、銀行の取締役の注意義務に関し、銀行は公的な性質を持つため、一般事業会社の取締役よりも厳しい注意義務を負うという判例が多く見られた。

2　アサートン判決とその影響

その後米国では、一九八〇年代貯蓄金融機関が多数破綻してその救済のために多額の公的資金が使われた。破綻した金融機関を処理するために、預金保険法が改正され、破綻した金融機関の経営者が経営責任を追及されてきた。そこにＦＩＲＲＥＡ（12 U.S.C. §1821（K））が重過失基準を規定したため、連邦コモンローとして軽過失基準が優先するか、各州の制定法が優先するか、それともＦＩＲＲＥＡの基準が優先するかは長年論争の的であった。

この「ＦＩＲＲＥＡ（12 U.S.C. §1821（K））が重過失基準を規定したため、連邦コモンローとして軽過失基準が優先するか、それともＦＩＲＲＥＡの基準が優先するか」という議論に決着をつけたのは、いわゆるアサートン判決である。(20)

本件の事実概要は以下の通りである。RTC は City Federal Saving Bank の数人の役員及び職員にたいし以下の主張により起訴した。すなわち彼らは連邦免許及び保険により保証された忠実義務の基準を犯したことである。ここではその基準、すなわち彼らの行動は適切であったか否かを判断する基準に焦点を当てる。その問いは裁判所が被告らの行為の法的妥当性（Legal Propriety）を判断する基準をどこに見いだすかによる。つまり州法、連邦コモンロー、あるいは特定の連邦法すなわち一八二一条Ｋ項にいう「重過失」のどれが優先するか。結論を簡潔にいうと、同判決は重過失基準を定めているＦＩＲＲＥＡ一八二一条Ｋ項が、「連邦コモンローに優先し、州法が特別な規定をおいていない限り、」ＦＩＲＲＥＡの基準が適用されるとした。

このようにアサートン判決は明確に、連邦のコモンローや州のコモンローよりも制定法であるＦＩＲＲＥ

Aの規定が優先すると宣言したので、銀行の取締役が一般事業会社の取締役よりも高い注意義務を負っているかという議論には決着が付いたように見える。しかし判決の結論に対する評価としてミラー教授は、次のように述べている。州法の基準（例えば「軽過失」）が連邦制定法の基準より厳しい限りにおいて、州法が行為基準を設定する。しかし連邦制定法は「重過失」基準を採用しており、その基準は、より緩やかな州法の基準にたいし代替として適合する（連邦法の「重過失基準」は州法の基準がそれより緩やかな場合に適用される）。[21]

一九八九年連邦貯蓄機関であるシティ・フェデラル貯蓄銀行は財産管理下におかれた。RTCは管財人として銀行（連邦貯蓄機関として）の名前で旧従業員及び役員にたいし本訴を提起した。起訴状によると、被告らはシティ・フェデラル貯蓄銀行を種々の不良開発、建設、買収貸付（business acquisition loan）に導り（または導こうとしたが失敗した）いた、という。また起訴状によるとそれらの作為または不作為は違法であり、なぜなら それらの行為は重過失、軽過失及び信認義務違反になるからである。被告は訴えの棄却を請求した。被告は連邦法である一八二一条K項が部分的に規定するのは、連邦預金保険により担保されている銀行の役職員は以下の法的措置において金銭的損害にたいし個人的な責任を負う。つまり「RTCが提起した民事訴訟で重過失あるいはそれに類する行為で重過失よりもより重度の忠実義務違反を示すもの」である。裁判での議論は重過失と認めるべき若しくはそれ以上非難されるべき行為を認めることにより、当該制定法が禁止すべきと意図した行為とは軽過失の基準を上げることのみを意図した行為のような、より非難可能性が低い行為であるとした。地裁はその主張に同意をして、重過失に関連する以外の訴えを棄却した。第三巡回区控訴裁判所は逆転判決を出した。その解釈によると、連邦法は州法による注意義務の基準（公式の重過失基準）を落とすような州の立法に対する単なる安全装置である、という。そのような解釈によると、当該制定法はより厳しい注意義務基準に依っている行為を禁止してはいない――それはこれらのより厳しい基準が州法（当該裁判所が州法による免許を受けている銀行に適用できると理解している州法）に依っているのか、あるいは（当該裁判所が連邦免許による銀行に適用できると考えている）連邦コモンロー等による基準である――。シティ・フェデラル貯蓄銀行は連邦免許の貯蓄機関であり、当該裁判所の結論はＲＴＣは連邦コモンローの問題として信認義務違反あるいは軽過失によるいかなる請求をも追求できる、とした。

まず一時的に連邦制定法の「重過失」という基準及び実際その基準が適用されるかは別にすると、もしそのような制定法がない場合に連邦コモンローが適用されるべき基準を与えるであろう。第三巡回控訴裁判所がそう認識したように、連邦免許銀行に対して連邦コモンローのコーポレートガバナンス基準が適用されるだろうか。そのもとになったのがブリッグス対スポルディング事件といわれていたが、しかし裁判所は判例準則をエリー対トンプキンズ事件で、以下のようにいうのを見つけた。「もし連邦の一般的なコモンローがない場合、連邦コモンローではなく、州法が判決に適用される準則を提供する」。つまり州法が、判断の基準となるということである。このようにアサートン判決により、銀行の取締役の注意義務に関し、州法に特別の規定がない限り、ＦＩＲＲＥＡにいう重過失基準が適用されるように見える。

同判決は重過失基準を定めているＦＩＲＲＥＡ一八二一条Ｋ項が、「連邦コモンローに優先し、州法が特別な規定をおいていない限り、」ＦＩＲＲＥＡの基準が適用されるとした。つまり州法で「軽過失を採用する」というより厳しい基準を採用している州は除いて、ＦＩＲＲＥＡ一八二一条Ｋ項のいう「重過失基準」が適用される、ということである。

しかしミラー教授の議論によると、これらの制定法、または制定法に従って正当に公布された連邦規制が、問題となっている種類の一般的なコーポレートガバナンス基準が、シティ・フェデラル貯蓄銀行のような連邦貯蓄銀行に適用される理由が不明な点である。ミラー教授は、被上告人が明示または黙示に呈示した様々な基本的な議論を個別に検討した。その結果、その議論は重要な衝突あるいは脅威を示していないとし、以下のように説明する。(22)

第一にＦＤＩＣは「統一性（Uniformity）」の必要性を訴えている。ＦＤＩＣによると、連邦コモンローは統一性を与えるが、連邦免許監督当局により規定された基準に関し、信認義務による州法の責任基準を付け足すことは、連邦監督当局が規制するバランスを混乱させる。統一性の概念を求めることは、しかしその必要性を証明するものではない。また連邦預金保険により保証されている銀行の数はおおよそ連邦免許（一五九五）若しくは州免許同数一四九二である。これだけの数があるのに、連邦免許の基準に統一させる連邦基準を強制させることは、州免許基準に関して相違を増幅させる。また他にも考えられる理由として、米国の銀行システムは、コーポレートガバナンスの問題に関する相違にも関わらず、システム自体は繁栄してきた。例えば異なる州免許を受けた銀行に適用される、州法のガバナンスの豊富さにより、独自の金融政策がうまく機能してきた点を考えてみるべきである。取締役が責任を負うのは、その行為が少なくとも故意の不法行為または配慮不足（注意義務違反）を構成する場合である。例えばアイオワ州は、通常過失基準を持ち、同時に下級審が一八九一年以来解釈してきた連邦コモンローであるブリッグス事件基準を有してきた。実際歴史的に見ても、通貨監督官（Comptroller of Currency）は規制を通じて活動することによって、連邦免許銀行に対する義務の判断基準の相当な乖離を（貯蓄金融機関に対する監督機構の監督下にある）貯蓄銀行以上に認めてきた。つまり取締役会の認める限りは、当該銀行が位置する本店を管轄する州法のガバナンス基準（またはデラウェア若しくはＭＢＣＡ）に従うことを認めてきた。実務上軽過失基準を持つ州法が適用される州を、別扱いするのは、困難である。

第二に裁判所は、問題の銀行が連邦免許という理由だけで連邦コモンローの注意義務基準を適用すべきということは実務上果たして妥当かということである。その理由は、歴史的に州法銀行が基準であり、連邦免許銀行は例外であったからである。

第三に、この問題を考えるためには、内部事情理論（internal Affairs Doctorine）と呼ばれる法の衝突（Conflict of laws）をめぐる議論が重要である。内部事情理論とは、一つのステーツ（国、州）のみが、内部事情を規定する権限を有するべきではない、と裁判所が規定した理論である。つまりアメリカにおける州と連邦という独特の二重構造を無視して、この問題だけ統一基準を持つ必要性はどこにあるかと言い換えられる。つまりある連邦免許をもつ銀行の従業員と役員を規律する注意義務の基準を見つけるために、州裁判所は連邦法を見なければならないが、それが唯一の基準となるかということである。

また州によっては、銀行取締役の責任を軽減若しくは免除する規定が規定されている。(23) それどころかインディアナ州やデラウェア州では、州法で直接規定したり、責任免除の定款記載を認めるという方法で、取締役の責任免除を積極的に認めるという取締役の責任制限競争すら行われた。その結果取締役の責任追及は非常に困難になったといえる。その中でアサートン判決は、このような州の立法はＦＩＲＲＥＡに優先しないということを宣言したものである。従って銀行取締役は最低限「重過失」があれば責任を負うことが確定したものである。この意味でもアサートン判決の意義は極めて大きい。

逆に言うと、たとえばNY州のように、ブリッグス基準をそのまま州法にして、[24]より厳しい基準（誠実な通常人が同じ立場の似たような状況の下で行使するだろう注意義務や技術水準）を有する州法は、依然として有効ということである。従って実務上は、少なくともそのような州法が存在する州や、またそのような州で営業を行っている銀行取締役は、確実に責任を免れるためには、従前の最低限基準を遵守しておく必要がある。

ミラー教授は、このようにアサートン判決後も、重過失の判断に関し、銀行取締役の判断基準は、従前の要素が多くの場合、妥当すると考える。

3　証券取引におけるデュー・デリジェンスの抗弁

有価証券が上場ないし店頭登録される場合、有価証券の登録届出書または目論見書に関して、「重要な情報」に不実表示があったときに、関係者（発行者、その取締役、証明を与えた弁護士、会計士）は、一九三三年証券法一一条の責任を負う。証券の発行者は無過失責任であるが、それ以外のものには、注意義務は尽くしたというデュー・デリジェンス（due diligence）の抗弁が与えられる。[25]

この抗弁に関して検討された、エスコット（Escott）対バークリス建設会社（BarChris）事件[26]は、バークリス社が一九六一年五月に一五年満期の無担保転換社債を発行したが、一九六二年その社債が債務（返済）不履行（Default）となった。原告は同転換社債を取得した投資家で、登録届出書及び目論見書に虚偽の記載があったとして、証券法一一条の責任を追及したものである。

判決は何人かの被告に対して、三つのカテゴリーに分けて判決を下した。すなわち①登録届出書に署名をした（取締役等）、②八つの投資銀行からなる引受人、そして③バークリスの監査役らである。この中で本稿で問題なのは、①登録届出書に署名をした役員等の責任である。その中で主要業務執行役員ルッソ氏は、バークリス社の財務情報を全て知っており、虚偽記載に関してデュー・デリジェンスの抗弁は成立しないとした。重要なのは、執行役員であり、社内弁護士兼秘書役であったビルンバウム（Birnbaum）氏は執行役員として修正された登録届出書に署名していた。ビルンバウム氏は会計事務所作成の書類を信用して良いが、同時に彼は弁護士であり、証券法の義務を知っているはずであり、非専門家作成の部分を信用することはできず、当該部分については合理的な調査をしなかったので、記載が真実であると信ずる合理的理由がないとされた。つまり専門知識を有さない他の取締役であれば、公認会計士の作成した登録届出書を信頼して良いが、ビルンバウム氏ほどの経験と努力があれば、非専門家がつくった記載を信じないで自分で調査をしなかったことに義務違反があるとしたのである。このように役員の経験及び能力で注意義務の程度を分ける考え方は、銀行取締役だけではなく、（証券）弁護士という専門家についても認められている。

結局この判決で興味深いのは、関係者を内部者と外部者に分け、更に外部者内部でも専門家として注意義務の程度を高めた点である。その結果専門的能力を有している場合には、証券法一一条により高度の注意義務を課していると理解される点である。すると例えば、銀行業務に三〇年間精通したものは、やはりその専門性を評価されて注意義務を尽くすべきである。つまり厳密にその人の経験・及び能力を考慮して判断すべきである。黒沼教授によると、この考え方はＳＥＣ規則一七六に明文化されている。(27)

（1）大阪地裁判決平成一三年五月二八日「日本経済新聞」三五面参照。
（2）商事法務一五七三号（二〇〇〇・一〇・五）四九頁～五一頁参照。
（3）川村正幸「大和銀行ニューヨーク支店損失事件株主代表訴訟第一審判決」金融商事判例（一一〇七号）五

七頁以下参照。

（4） 詳細は前掲訴因一覧（商事法務一五七三号（二〇〇〇・一〇・五）四九頁〜五一頁）参照。

（5） 12 U. S. C § 208. 20, 12 U. S. C. § 211. 24

（6） 最判昭和五一年三月二三日（裁判集民事一一七号二三一頁）参照。

（7） 最判平成一二年七月七日金融商事判例一〇九六号九頁。

（8） 東京地判平成五年九月一六日判例時報一四六九巻二五頁以下参照。

（9） 龍田節・会社法（第六版）（有斐閣）九二頁。

（10） Briggs v. Spaulding 141 U. S. 132, 11 S. Ct. 924 (1891)

（11） 吉井敦子『破綻金融機関をめぐる責任法制』（多賀出版）一〇〇頁以下参照。同書は、銀行取締役の注意義務に関し、非常に詳細に検討しており、多くの示唆を受けた。

（12） Broderick v. Maecus, 152 Misc. 413, *; 272 N. Y. S. 455, 1934 N. Y. Misc. LEXIS 1377

（13） Atherton et al. v. Anderson, 99 F. 2d 883 ; 1938 U. S. App. LEXIS 3015

（14） 吉井・前掲書一〇七頁参照。

（15） Billman v. State Deposit Insurance Fund, 88 Md. App. 79 ; 593 A. 2d 684 ; 1991 Md App. LEXIS 156

（16） Cf. *ibid. at 698.*

（17） Litwin v. Allen, 25 N. Y. S. 2d 667, 1940 N. Y. Misc. LEXIS 2596

（18） NY CLS Bank § 674

（19） FDIC v. Birman, 2 F. 3d 1424 ; 1993 U. S. App. Lexis 20459

（20） Atherton v. FDIC 519 U. S. 213

（21） Cf. J. Macey. G. Miller "Banking Law and Regulatuon-Statutory supplement with recent cases and developments" (Aspen, 2000) p. 353-355.

(22) Cf. *ibid*, p. 336-338.
(23) 吉井・前掲書一二〇頁参照。
(24) See, NY Banking Law Sec. 7015
(25) 黒沼悦郎・アメリカ証券取引法（一九九九年）六九頁以下参照。
(26) Escott v. BarChris Construction Co., 283 F. Supp. 643 (S. D. N. Y. 1968)
(27) 黒沼・前掲書七二頁参照。

第二節　「銀行取締役の注意義務」の具体的検討

一　銀行取締役の注意義務

1　大和銀行事件の検討

銀行取締役は、銀行業に関しては専門家であり、しかも日本の場合は、三〇年以上継続して銀行業務に就いているのが通常である。そうならば、銀行業務、例えば、銀行融資に関連しては、通常の企業が融資する場合と比べて、専門家としてより高い能力と責任を有するのは当然だろう。

そこで一般人を基準として、一般人が専門家である銀行取締役ならばこう判断しただろうという、銀行取締役の注意義務を基準として判断すべきである。つまり「銀行取締役の注意義務違反の認定基準」というものを考えても論理の飛躍とはならないであろう。思うに銀行は一般他業種の株式会社とは異なり、免許業種であり、しかも破綻すれば信用システム自体に大きな影響を与えるという公共的性格を持つものである。そのために公的資金も導入されたのであるはずである。しかもその職務は極めて専門性が高く、高度な知識と判断を要するものであることを前提として注意義務違反を認定しなければならない。

そこで大和銀行事件を検討すると「証券が発行されない登録債であり、かつ、バンカーズ・トラストにその保管を再委託している場合にはカストディ業務の担当者を介さず、直接バンカーズトラストにたいして保管残高の照会を行うことが必要となる。それにも関わらずニューヨーク支店では、…検査対象であるニューヨーク支店あるいはカストディ係にバンカーズトラストから財務省証券の保管残高明細書を入手させ、その保管残高明細書と同支店の帳簿とを照合する方法を採用していた。そのためIに保管残高明細書を改ざんする機会を与える結果」となり、しかもそれが長期間継続していたものである。一般事業会社の取締役ではなく、金融取引の専門家である銀行取締役が、検査の際に照合すべき検査対象である当該保管残高証明書を同一人物に入手させ、改ざんの機会を与えてきたことは、銀行の取締役をかねる検査の任に当たるものとして「著しく不当」に当たらないだろうか。我が国の株式会社のおいて、その多くは社員を経て、取締役になったオフィサーであり、社外取締役ではない。つまり何十年も金融業務に精通したものが取締役となるのが通常である。

銀行の業務は、融資、決済、預金である。とすると銀行は株式会社としての側面の他に、免許を受けた特殊産業としての側面を持つ。銀行取締役は、特に従業員から取締役になったものは、長年銀行業務に精通したいわばプロである。従って銀行取締役は、銀行業務に関して、通常の人間と比べて、深い知識を持つのは当然である。従って当該取締役が注意義務違反か否かを判断する際に、一般人が同様の立場の銀行取締役であれば、下しただろう判断を基準とすべきである。従って、銀行の取締役の注意義務は、他の専門家、例えば弁護士あるいは医師と同様の専門家責任と考えられるべきである。

そのようなものがNY支店の帳簿とバンカーズトラストにある現物の保管残高証明書の突合《とつごう》という基本的な検査において、同じ人物に両方の書類を準備させず、直接寄託先であるバンカーズトラストから保管残高証明書を取り寄せたうえで突合することは困難ではないだろう。(1) もし検査の任に当たるものが、種々の理由で自ら検査できないとすれば、これは銀行内部における検査体制の問題となる。いずれにせよ通常人が取締役を銀行業務の専門職としてどう判断するかを基準に、「著しく不当」であったか否かを判断する必要がある。

しかし、賠償額は別として、一般事業会社の取締役ではなく、金融取引の専門家である銀行取締役が、検査の際に照合すべき検査対象である保管残高証明書と、支店の現物残高の両方を同一人物に入手させ、数年もの間改ざんの機会を与えてきたことは、検査も担当する銀行の取締役兼ニューヨーク支店長として「著しく不当」に当たらないだろうか。

検査の本質は、ニューヨーク支店の帳簿とバンカーズトラストにある現物の残高証明書の突合という基本的な検査である。同じ人物に両方の書類を準備させず、直接寄託先から残高証明書を取り寄せ、検査の任に当たるものが突合することは困難ではないだろう。通常人が取締役を銀行業務の専門職としてどう判断するかを基準に、「著しく不当」であったか否かを判断するべきではなかろうか。

大和銀行事件で経済界がショックを受けたのは、賠償額はもちろんであるが、裁判所が善管注意義務・忠実義務違反として、これまでの法令違反だけでなく、不作為義務違反を取締役の義務違反と捉えたことである。言い換えるとこれまでは、違法融資や法令違反さえ気をつけていれば、事実上経営判断の原則が適用され、免責されることがほとんどだったが、大和事件では積極的に取締役の監視義務を認め、監視義務違反を認めた。このことはつまり、取締役は、サラリーマン生活の締めくくりとして、普通に職務をこなせばいいのではなくて、取締役とは、経営の専門職であり、プロである。この意味で大和事件は裁判所が、経営判断の原則のベールを超えて、取締役の職務内容まで判断した事件といえよう。

2　専門家としての銀行取締役の注意義務

銀行取締役の信認義務に関し、ミラー教授によると、[2]「元々銀行のような預金金融機関の役職員は、株主だけでなく、債権者の一人として預金者に対しても信認義務を負い、最大利益（Best Interest）のために行動する義務がある」とされる。通常取締役は破産する前は、債権者に信認義務を負わないが、銀行の場合には、準公的性質を持つので通常時でも、信認義務を持つとされる。

一九三〇年代の判例にもあったように、問題となっている会社の業務の性質、及び取締役の職務内容からも、善管注意・忠実義務の内容が決められるべきである。例えば社外取締役と社内取締役では自ずとその職務内容及び義務違反に違いが出てくるだろう。

前述のように、一九三四年ニューヨーク州裁判所で判示された、ブロデリック対バンディ事件[3]では、「銀行取締役は他の一般事業会社の取締役より、より注意深く判断する義務を負う」とし、その理由は「(銀行取締役は)、預金者の資金が安全に（securred）かつ注意深く運用されているか監視する責任がある。」と判示した。また取締役の監視義務違反であると訴えられたアサートンら対アンダーソン事件[4]では、取締役らは「銀行のあらゆる事業に対し合理的な監視（Reasonable Supervision）を尽くした」と主張したが、判決は、「取締役会で配られた資料を注意深く読んでいれば、当該詐欺的行為を発見できた」とした。問題は本判決が、銀行の特殊性に言及している点であり、[5]銀行取締役は株主に対して善管注意義務（Duty of Care）を負うだけでなく、預金者のためにも義務を負うとしている。ビルマン対州預金保険機構事件[6]では、「貯蓄金融機関の役職員は、重過失に反した場合責任を負うべきであるが、重過失とは預金や貸付に対し直接の（proximate）の損害を与えるものである。（この意味において）重過失とは、結果の発生に対する無謀な軽視を伴う義務の不履行」と定義された。[7] こう考えるとある行為が軽過失か、それとも重過失かは、結局義務の不履行の程度問題となるが、重過失とは、「著しく義務に違反した場合」と解して問題ないであろう。

NY州コモンローとしての判決であるリトウィン対アレン事件[8]は、「銀行取締役は、もちろん正直にそして善意で行動しなければならないが、それでは足りない。取締役はそれにふさわしい慎重さと勤勉さを必要とする」とした。これはその職務内容を勘案して義務内容を決めると理解されないだろうか。

取締役の監視義務に関するFDIC対ビアマン、スタンリー（Birman, Stanley）事件[9]では、「銀行取締役は、銀行業務に関連して合理的な監視を行う信認義務を負い」とし、取締役は専門家として「貸付機能を適切に監視」しなければならないとされている。専門家としてということは、当然その職務内容の検討も含まれるということである。

同判決はさらに、「注意義務の適切な基準について、銀行取締役に義務づけられているものは、通常慎重で勤勉な人が同じ状況で行使したであろう基準であり、この基準の下で銀行取締役は、「銀行の状況を確認し、合理的な監督権を行使し、それを監視する」義務を負うことになる。このように米国判例では銀行取締役は、銀行業務を十分に把握し、通常人の慎重さ及び勤勉さで業務を監視する義務を負うとされている。ここから我が国でも、この義務を「通常人が銀行取締役は銀行業務の専門家として、業務を遂行し、善管注意義務・忠実義務に違反するのは、この義務に著しく違背するとき」と解することはできないだろうか。

また注意すべきはビルマン対州預金保険機構事件[10]が、「取締役の注意義務に関しては、会社の類型ごとに分けて考えるべき」とした点である。このことは言い換えると、銀行の取締役は銀行業務に関して専門家であるとも考えられる。アメリカの銀行の業務は、融資、決済、預金である。とすると銀行は株式会社としての側面の他に、免許を受けた特殊産業としての側面を持つ。銀行取締役は、特に従業員から取締役になったものは、長年銀行業務に精通したいわばプロである。従って銀行取締役は、銀行業務に関して、通常の人間と比べて、深い知識を持つのは当然である。従って当該取締役が注意義務違反か否かを判断する際に、一般人が同様の立場の銀行取締役であれば、下しただろう判断を基準とすべきである。従って、銀行の取締役の注意義務は、他の専門家、例えば弁護士あるいは医師と同様の専門家責任と考えられるべきである。銀行取締役は、預金者及び信用システムに対して責任を負うと解すべきである。これが銀行という業務の特殊性である。

問題はなぜＦＩＲＲＥＡ及びアサートン判決が重過失基準を採用し、それを認めたかである。まず本文でも述べたように、第一にこれはミラー教授の指摘通り、州のガバナンスを最大限尊重し、連邦基準は最低限の基準を提示したということである。これは米国という連邦国家では常に根底に流れる問題であり、この判決もその流れの中で判断されるべきである。従って重過失の判断に際して業務内容を考慮して義務違反か否か決めるという姿勢が完全に否定されていないことは、ミラー教授の指摘通りであろう。同時にＦＩＲＲＥＡ及びアサートン判決の効力としては、州による取締役責任の免責を認めず、最低限の責任を法定し、それを最高裁が認めたものである。しかも重過失より厳しい基準を有する州法は依然として有効であるから、実務上はその州法の基準を念頭に置いて、注意義務を考える必要がある。

二　銀行取締役の注意義務に関する一般原則——米国判例法からの注意義務基準

そこで次に何が「専門家としての銀行取締役の注意義務」なのかについて、主に銀行取締役の責任が認められた米国判例を中心に検討したい。

ブロデリック対マーカス事件[11]は、ニューヨーク州の銀行局管理者（Superintendent）であるブロデリックが、破綻したユナイテッドステッツ銀行の旧取締役にたいし、財産承継者としてNY州銀行法八一条に基づいて、銀行取締役としての義務違反を理由に損害賠償請求したものである。本件は当初四〇名以上の被告がいたが、裁判所の許可を得て和解し、以下の判旨は和解の後、出された判決である。「損失のほとんどは、バンクスコーポレーション（Bankus Corporation）という企業に対する無担保融資の結果生じたものである。バンクスコーポレーションは更に主としてビル開発を営む二社の子会社を通じて、融資を受けていた。ユナイテッドステーツ銀行の資本金と剰余金を合わせた額は、四、七〇〇万ドルしかなかったのに、バンクス社に対する無担保融資は、その二五％以上となる一、二〇〇万ドルにも上った。これは第一に当時のNY銀行法一〇八条一項及び七項がいう『同一人に対する信用供与は、当該銀行の資本金及び剰余金の一〇％を超えてはならない』という大口信用規制に違反している[12]。第二に本件融資は無担保であるのは、過失に当たる」、としている。本件では、銀行取締役は一般事業会社の取締役より高い努力義務（Diligence）があるのは明らかであるとして、銀行取締役の責任は、預金者の預金を安全かつ適法に貸付及び投資に運用することである、とした。さらに取締役は常に積極的にローンのポートフォリオを分析する義務があり、そのような健全銀行原則（Sound Banking Principles）を無視して、投機的で無担保な貸付をすることは、取締役として責任があるとした。つまり本件では、「無担保で貸出を行い、一〇％という大口融資規制を超えてした融資につき」、それを実行した取締役は注意義務に違反したとされている。

また取締役の監視義務違反であると訴えられたアンダーソン対バンディ事件[13]では、一九〇七年に営業を開始したクリーブランド人民銀行は、一九二八年に営業停止（suspend）となり、管財人が指名された。本件で特に問題となったのは、経理係であったジェシー（Jessee）氏が、全く自分を利するためだけ（promoting the Interest of himself）に銀行を経営し、その結果詐欺的行為を行い、取締役会がそれに対してほとんど監視をしなかったことである。それに対して被告の取締役らは、「銀行が営業停止になったのは、営業環境の変化が原因であり、監視義務違反ではない」、と主張した。

一九二〇年この経理係は自らの父らが共同経営者をつとめるデパートへ興味を持ち始め、一九二二年四万ドルでそのデパートが他の企業を買収したり、その後ドラッグストアを開店したり、宝石店を開店したりと様々な企業拡大に、銀行の資金を利用した。その後それらは全て破産している。これらの全ての事業について、他の銀行取締役は同じコミュニティーに住んでいたために、知っていたとされる。その経理係は取締役会から、上限のない資金の借り入れ権限を与えられ、その権限は取り消されることはなかった。その後経理係は偽造した金銭の流通（passing Counterfeit money）により逮捕され、その貸付が主な原因で銀行は破綻した。

バンディは当時当該銀行の頭取であった。当時の法律により毎月取締役会を開き、年二回の業務検査が必要とされていた。その取締役会及び検査において当該経理係から出されたレポートは適切に処理されたと役員らは主張しているが、一見して過剰な融資であり、その後彼らはその取引について何も覚えていない、と述べているところからすると、適切に監査されているとは言い難い、とされた。本件から理解されるのは、銀行には、当然のことながら、日常業務に関しては上級職員（Executive Officer）が執行するが、個々のローンの成否に関してはともかく、資本に比して巨額の貸付や毎期の残高などは取締役会に報告していた。問題は取締役らがその報告を主体的に検討しなかったことであり、合理的な監督（reasonable Supervision）をしていれば、不正を発見できたのであり、この状況の下では取締役の義務は履行されなかったといえる、とした点である。つまり取締役は報告されたレポートを主体的に精査し、しかもその外の情報と併せて考えると、そのような詐欺的取引を発見できたのにそれをしなかったのは、取締役の義務違反とされている。

ＮＹ州に関して、州コモンローとしての判決であるリトウィン対アレン事件[14]は、株主による派生訴訟である。取締役らは不適切な第三者に対する融資取引により、信託会社（銀行）に多額の損害を与えた。本件において判決は、「銀行取締役は、受認者（Trustee）として、信認義務を負う。取締役は、もちろん正直にそして善意で行動しなければならないが、それでは足りない。取締役はそれにふさわしい慎重さと勤勉さを必要とする」とした。

その注意義務の程度に関して判決は、「本件破綻の主な理由は、ミズールパシフィク社の債券をオプション取引で購入したことであるが、一九二九年から一九三〇年当時の（大恐慌時）深刻な経済状況を考えて、既に大恐慌は終わったという認識で、取引に賛成し、参加したことがその原因である。その際当該銀行の上級職員らが進言したにもかかわらず制定法の上限を超えて、オプション取引のような危険な取引を行ったことがその原因である」[15]、とした。

同判決で述べられたのは、過失の有無は、「通常の思慮に富む人間が行使したであろう経営を基準とする一般則は、それで完全に問題が解決されるわけではない」、という観点から最終的な分析がされ、取締役が自らの義務を果たしたか否か、または過失があったか否かは、「個々の事件の事例、拘わった会社の種類、その大きさや資本の供給先（Financial Resource）、当該取引の重要性、その問題の緊急性などから決定されるべきであり、取締役が要求されているのはその状況で求められている配慮と熟練（Skill）を尽くしたか否かである」、とした。

更に判決は明文で、「疑いなく、銀行取締役は、一般事業会社の取締役よりもより厳しい説明責任を負担する。銀行取締役は、預金者の資金から権限を委任されて（entrusted）おり、株主が取締役に期待するものは、個人責任の賦課（the Imposition of Personal Liability）からの保護である。しかしそれでも銀行取締役に未来の透視能力（Clairvoyance）は要求されていない。法が認識するのは、もっとも保守的な取締役が絶対正しい（infallible）と思うことではなくて、銀行取締役が自分の意見が間違いであり、彼の判断に過失があることが明らかになった場合でも、慎重な（prudent）銀行取締役が通常行使したであろう注意義務を用いれば、その取締役は免責される。最後に取締役により是認された取引の判断が、取締役に責任を生じさせるかどうかは、それが発生した当時の状況をよく見る必要がある」とした。結局本件では、一九三〇年当時の深刻な経済状況の中で、投資家から集めた資金で、銀行取締役が、あまり業績が好調とはいえない会社の債券をオプション取引で購入したこと、及び当該銀行の上級職員らが進言したにもかかわらず制定法の上限を超えて、オプション取引のような危険な取引を行ったことは、義務違反に当たるとしたものである。

また融資に対する取締役の監視義務に関するFDIC対ビアマン、スタンリー（Birman, Stanley）事件(16)では、「銀行取締役は、銀行業務に関連して合理的な監視を行う信認義務を負い」とし、取締役は専門家として「貸付機能を適切に監視」しなければならないとされている。同判決はさらに、「注意義務の適切な基準について、銀行取締役に義務づけられているものは、通常慎重で勤勉な人が同じ状況で行使したであろう基準であり、この基準の下で銀行取締役は、「銀行の状況を確認し、合理的な監督権を行使し、それを監視する」

義務を負うことになる。

本件では具体的に[17]、これら銀行取締役の義務は、相当の時間及びエネルギーを銀行業務の監視、会議への参加、及び州もしくは連邦の銀行検査報告にあてなければならない。これらの義務は他に委任できず、他人を信頼したからといって、免責されるものでない、ともしている。

またＦＤＩＣ対グリーンウッド事件[18]では、この銀行取締役の義務は、銀行職員の監視・監督（supervision）も含むとしている。本件では、適用される注意義務の基準は、同じ状況で、似たような規模の他の銀行の合理的な思慮を持つ取締役が行った行動を基準とすべきであるとした。たとえそれは、同じ会社の他の取締役の判断に従っても免責されない。またＲＴＣ対アクトン、リッテンベリー事件[19]で、銀行取締役の信認義務と経営判断の原則の関係について、言及されている。本件は、テキサス州の小さなＳ＆Ｌが不良債権で破綻し、ＲＴＣが旧取締役らの責任を追及した典型的な事件であり、被告アクトン氏は一九六二年以来ヘリテージバンクの取締役会議長及び社長で、リッテンベリー氏は取締役副社長であり、他の三人の被告は社外取締役であった。ヘリテージバンクは、関連企業であり、アクトン氏が経営するオークツリー（Oak Tree）不動産開発会社に多額の貸出をしていた。一九八四年テキサス州Ｓ＆Ｌ当局は、ヘリテージバンクにオークツリー社への貸出を資本の一〇％以内に減らすように指導した。しかしヘリテージバンクはそれを聞き入れず、むしろ多数の問題ある（imprudent）取引により、その規制を避けようとした。その結果経営が破綻したものである。この判決は信認義務と経営判断の原則に関して[20]、役員及び職員は三つの信認義務、すなわち①準法（Obedience）義務、②忠実義務、及び③善管注意義務を持つ。準法義務は、会社の能力以外の取締役の行為を禁止し、忠実義務は、役職員に善意で行動することを要求する。善管注意義務は、役職員が会社業務を行う場合には、勤勉（Diligence）かつ思慮深く（Prudence）処理することを要求する。「取締役の過失は、たとえそれがどれだけ賢明でなく、かつ思慮に欠けていたとしても、当該取締役の行為が、経営に関し興味深い事業の実行または計画において自らの裁量権の範囲内ならば、義務違反とはならない」とした。結果的に（テキサス州の）経営判断の原則は、役員の責任を重過失に基づく責任に制限している。その重過失の中には、「取締役の完全な責任の放棄も含まれる」とした。続いて我が国の判例に関し検討し、一定の方向性を見つけだしたい。

三　我が国の銀行取締役をめぐる判例の検討

1　融資取引

(1)　中京銀行事件

まず最初に、銀行取引の中心業務の一つであり、判例もある融資取引に関する経営判断の内容に関し、検討したい。銀行が担保割れの状態で行った融資金が取引先の倒産により回収不能となった事例において、取締役の善管注意義務または忠実義務違反の有無が検討された「中京銀行事件[21]」では、判決は「銀行が担保割れの状態の元で行った融資が、取引先の倒産により回収不能となったとしても、取引先の経営が順調に推移していると判断したことに誤りがなく、取引先の倒産の原因が予見しがたい金融引き締め、バブル経済の破綻、米国経済の停滞等にあるなど判示の事実関係のもとでは、右融資決定に関与した取締役に善管注意義務または忠実義務違反があるとはいえない」としている。この判断が妥当であったかどうか検討すると、「取締役が右の善管注意義務、忠実義務に違反したとされるかどうかは、当該取締役が職務の執行に当たってした判断につき、その基礎となる事実の認定または意思決定の過程に通常の企業人として看過しがたい過誤、欠落があるために、それが取締役に付与された裁量権の範囲を逸脱したものとされるかどうかによって決定すべきである。…（中略）この理によれば、このような金融機関のする貸付が結果として回収困難または回収不能になったとしても、当該貸付を行った取締役の判断を持って直ちに善管注意義務、忠実義務の違反と断ずべきではなく、右判断に通常の企業人として看過しがたい過誤、欠落があるかどうかを貸し付けの条件、内容、返済計画、担保の有無、内容、借り主の財産および経営の状況等の諸事情に照らして判断すべきことになる」としている。当然のことながら私見によると、「通常の企業人」ではなく、「一般の銀行取締役」として判断すべきである。

その観点から、判決を検討する。問題となっている融資取引は、三回ある。第一回融資は、建物を担保として融資が行われており、当時の時価は二五億円で、当該建物の担保価値は、この時点の被担保債権額を上回っており、たとえ被融資先企業が訴訟で訴えられたとしても、直ちに業績が落ち込み、返済困難になるとはいえない」、とした。この点に関し、判例は妥当である。一方第二、三回融資に関して、銀行が取得した担保は、利札がついていない国債元本五億円、および一〇億円であった。通常利札がつかない国債元本の時価は額面の四〇％程度といわれ、そのことは被告取締役は、本件融資実行時に知っており、被担保債権額を下回っていた、つまり元本割れを起こしていたことも承知していた。また融資の実行に必要な、財務調査において、「昭和六三年以降当該借り入れ会社における短期借入金は、五七％、長期借入金は一一七％増加し、負債比率も三八七〇％から四八四〇％に急増し、経常利益は三六％減少した。（中略）右のような借入金の増加、収益に対する利益率の現象は会社経営の健全性に対する警告の指標であるが、事業を拡大し先行投資に力を入れている企業には時としてみられる現象であり」として倒産の原因は、平成二年からの金融引き締めやバブル経済破綻によるもので、これらの事情は第二、三回融資実行時には、予見できなかった、とした。さらに判決は、「確かに利札のない国債元本を担保とすることは異例であるが、訴外（借り入れ）会社は従前からそのような担保で他の取引銀行から融資を受けており、訴外会社の経営状態が悪化したからそのような申し出をしたわけではない。〔中略〕貸付の安全性を旨とする銀行業務としては十分な担保を徴求することが望ましいが、右事情を総合判断して融資を決定した訴外銀行の意思決定過程には、通常の企業人として看過しがたい過誤、欠落があったと認めることはできない」とし、判決は主に常務会構成取締役の善管・忠実義務違反を認めなかった。しかし額面の四〇％程の担保価値しか認められない担保で、前述の財務状況で預金者から集めた資金を融資する判断が、銀行取締役として正しいものであろうか。他の銀行も当該借入会社に融資取引を行っていたから貸したというのは、取締役の判断としては論外である。他行にもいくらでも問題債権があるというのも、理由にならない。従って純粋に問題は、このような状況で、融資取引のプロである銀行の社内取締役が、被担保債権額の四〇％しか担保を取らず、融資した資金が倒産により、焦げ付いたのは、「著しく不当」ではなかろうか。金融引き締め、バブル崩壊、という要素は、被告の過失を減少させるファクターにはなりうる。

(2)　東京都観光汽船株主代表訴訟

次に非金融機関であるが、東京都観光汽船株主代表訴訟(22)において、系列会社に対する融資が善管注意義務違反か否かが問われたが、その判断基準を検討したい。融資取引に関し、銀行取締役はプロであり、一般企業の取締役以上の注意義務を負うので、その判断に、一定の示唆を与えるからである。

本件は、訴外甲社（東京都観光汽船株式会社）が、グループ企業と見られる乙社（ケイアンドモリタニ株式会社）に対し無担保貸付や債務保証を行ったことに関し、甲社の株主である原告Xが、現および元取締役らを被告として、提起した株主代表訴訟である。Xの主張は、当該貸付が開始された時点で、既に経営は破綻していたから、これを行ったことは取締役の善管注意義務および忠実義務に違反して違法であるというものである。

これに関し判決は、「会社の取締役が、経営上特段の負担とならない限度でグループ企業の関係にある他の企業の経営維持・倒産防止のために無担保貸付や保証をすることは原則としてその裁量内の行為であるということができる。しかし支援先の企業の倒産が具体的に予見可能で、当該金融支援により経営の建て直しが見込めない状況にある場合、十分な債権保護措置も講じずに無担保貸付をすることは、右裁量権の範囲を逸脱することで、会社に対する善管注意義務・忠実義務違反となり、商法二六六条により損害賠償責任を生じさせる」とした。

具体的にこの判断を検討すると[23]、乙社は、昭和五四年度以降毎期に損失を計上し（五四年度が二二三万円、五五年度が五六六万円、五六年度が一六六〇万円、五七年度が四八二〇万円）、経営が悪化し、昭和五六年頃から融通手形によって資金調達をしなければならなかった。しかも昭和五八年一〇月には、融通手形の交換先が倒産し、一億円の負債を負い、一二月には更に六〇〇〇万円の負債を負った。それにも拘わらず、Yらは乙社に対し、担保などを取らないで、昭和五八年一〇月以降（対象になったのはこれ以降）も一億四九〇〇万円を貸付け、乙社の五〇〇〇万円の債務につき連帯保証をしている。この事実だけでも、乙社は倒産必至の状態で、経営の建て直しはできず、もし昭和五九年二月頃まで認識していなかったとすれば、甲社の取締役として、注意義務に違反したといえる。従って融資業務のプロである銀行取締役であれば、同様の状況の下で当然同じ判決が出ることになろう。

系列会社に融資する点に関して伊予銀行事件[24]は「取締役の職務上の義務違反の有無を判断する前提として、融資を継続していた場合の同行の被ったであろう損害の程度を明らかにし、これと追加融資打ち切りによる同行への損害の有無・程度を比較し、どちらが、適切であったか、検討する必要がある、としている。吉井助教授はこれについて[25]、救済に掛かる費用と救済により得られる利益を比較し、後者が前者を上回る場合にのみ、注意義務違反を免れるとする。

以上見てきたが、いかなる融資取引を行うかは各銀行の経営判断である。その判断を検討するには、担保の有無、返済の確実性、収益性、融資取引の成長性、融資先企業の発展性、そして貸付の公共性・社会的意義などを総合的に判断して、可否が決定されるべきである。特に他人資金を使って貸付を業とする銀行においては、融資先企業の発展性および公共性に関して、融資決定の判断が、一般事業会社の取締役より、厳しくしなければならない。融資取引の可否については、支店で決済ができるものと、本部へ上げて承認を得る必要があるもの（稟議扱い）の二種類に分けられる。取締役が通常関与するものは、稟議扱いが中心であるが、支店決済も監視しなければならない。その中でも銀行の資金の性質から考慮すると、返済の確実性および担保の有無という要因は重視されるべきである。しかしながら、担保が不十分という一事を持って、全ての判断が注意義務違反と解するべきでないことはもちろんである。その一例として、日本経済新聞に、都銀の一行が、民事再生法申請中の企業に対し融資を行う記事が出ている。[26]再生計画を認可すればもちろん、認可する前でも、独自のノウハウで、回収再建が可能な場合には、融資するという。このような企業に対する融資は金利が高いので、新たな収益源となる、という。問題は、回収が確実かという点と、そう判断した基準自体の妥当性および当該企業に対する判断の妥当性である。融資判断の妥当性に関して、銀行取締役には、融資のプロとしての注意義務が要求される。なぜなら金融機関の破綻の多くが、不良債権によるものだからである。この意味で融資判断には、十分な考慮が必要である。

2　監視義務違反

大和銀行株主代表訴訟で、銀行取締役は監視義務違反責任が問われた。内部統制システムに関する任務懈怠行為に関し、判決は内部統制システムに関し論点を（1）フロントオフィスとバックオフィスの分離、（2）財務省証券取引業務とカストディ業務の分離に分けて議論している。議論の前提として「取締役は自ら法令を遵守するだけでは十分でなく、従業員が会社の業務を遂行する際に違法な行為に及びことを未然に防止し、会社全体として法令遵守経営を実現しなければならず、取締役は自ら全て業務を掌握することは不可能であるので、従業員が職務を遂行する際違法な行為に及ぶことを未然に防止するための法令遵守体制を確立する義務があり、これも善管注意義務及び忠実義務の内容をなす、」としている。この点に関し実務界[27]からも、「(今までは) 一応の検査、指導・監督体制さえ整えておけば、現実には従業員の不正行為につき役員の法的責任が認められることはないと考える向きもあった」としているが、「取締役および監査役には、その善管注意義務の内容として従業員の不正行為を未然に防止するため各業務ごとに内在する従業員による不正行為の状況を正確に認識・評価し、これを制御するためのより効果的な内部統制システムを構築する義務およびそれが履行されているか否かについてこれを監視する義務があるという本判決の総論部分の判断についてはほぼ異論がないと思われる」、としている。今後は具体的に監視義務の内容が問われることになろう。

経営者としての取締役の職務は、法令遵守を当然の前提として、従業員の法令遵守体制を構築し、会社全体として法令遵守経営を行うのは当然であろう。金融取引、特に財務省証券等の債券のディーリング業務においては、金融取引手法の複雑化高度化に伴ってそのリスクは非常に高いものといわなければならない。特に取引担当者が自己又は第三者の利益を図るため権限を濫用する可能性が高く、しかも取引による価格変動リスクが現実化した場合には当該銀行のみならず金融システム自体にも大きな影響を与える恐れがある。したがって法令遵守経営を行うことは、取引に伴う事務リスクを適切に把握することにもつながる。

その上で（1）フロントオフィスとバックオフィスの分離について判決は「ニューヨーク支店は、Ｉが本件無断取引を始めた昭和五九年六月頃には、…フロントオフィスとバックオフィスの分離を実施していたのであり、その後、順次様々な仕組みを追加し整備してきた。…したがってニューヨーク支店における財務省証券及びカストディ業務に関するリスク管理体制は、…大綱のみならずその具体的な仕組みについても整備されていなかったとまではいえないものと言うべきである。」としてこの点に関し取締役の任務懈怠を認めていない。思うに金融取引、金融商品はすさまじいスピードで発展していくが、それに伴うバックオフィスによるリスク管理体制はその時々の最善の体制をつくりかつそれで足りると解すべきである。本件では限定された限度ではあるが、順次にポジション枠や損切りルールなどリスク管理体制を整備してきたものであり、銀行として著しくリスク管理体制整備義務に違反したとはいえないであろう。医療過誤事件のように「当時の医療水準に照らし、相当と認められる」程度に義務を尽くせば、責任を問われることはないであろう。

次に（2）財務省証券取引業務とカストディ業務の分離に関してであるが、判決は「被告Y_1は支店長として同支店が実施した店内検査及び内部監査担当者による監査において、財務省証券の保管残高の確認を極めて不適切な方法で行い、また適切な方法に改めなかったため、Ｉの本件無断売却を発見あるいは防止することができず、本件訴因一四ないし二〇にかかる行為を未然に防止することができなかったものである。」として、Y_1の取締役の善管注意義務忠実義務違反を認めている。株主代表訴訟において、取締役の会社に対する責任を認める基準を軽過失とすることは、事実上ほとんど結果責任になってしまい妥当ではない。同時に株主も株主総会や商法が株主に与えた各種権能を用いて、取締役の経営を監視する義務があり、それを怠ったにも関わらず、取締役の責任のみを軽過失違反として追求することは均衡を失するからである。したがって取締役の責任は著しく不当でない限り、認められるべきでない。この点は銀行取締役も同じである。但しその判断に銀行取締役としてのファクターを入れて、判断すべきであるということである。

その観点から大和銀行事件を検討すると「証券が発行されない登録債であり、かつ、バンカーズトラストにその保管を再委託している場合にはカストディ業務の担当者を介さず、直接バンカーズトラストにたいして保管残高の照会を行うことが必要となる。それにも関わらずニューヨーク支店では、…検査対象であるニューヨーク支店あるいはカストディ係にバンカーズトラストから財務省証券の保管残高明細書を入手させ、その保管残高明細書と同支店の帳簿とを照合する方法を採用していた。そのためＩに保管残高明細書を改ざんする機会を与える結果」となり、しかもそれが長期間継続していたものである。一般事業会社の取締役ではなく、金融取引の専門家である銀行取締役が、検査の際に照合すべき検査対象である当該保管残高証明書を同一人物に入手させ、改ざんの機会を与えてきたことは、銀行の取締役をかねる検査の任に当たるものとして「著しく不当」に当たらないだろうか。我が国の株式会社のおいて、その多くは社員を経て、取締役になったオフィサーであり、社外取締役ではない。つまり何十年も金融業務に精通したものが取締役となるのが通常である。そのようなものがNY支店の帳簿とバンカーズトラストにある現物の保管残高証明書の突合（とつごう）という基本的な検査において、同じ人物に両方の書類を準備させず、直接寄託先であるバンカーズトラストから残高証明書を取り寄せたうえで突合することは困難ではないだろう。もし検査の任に当たるものが、種々の理由で自ら検査できないとすれば、これは銀行内部における検査体制(28)の問題となる。いずれにせよ通常人が取締役を銀行業務の専門職としてどう判断するかを基準に、「著しく不当」であったか否かを判断する必要がある。

また損失補填事件のように、業界全体の犯罪は同業他社の取締役でも同じ判断をしたであろう場合には、取締役の判断は免責されそうに見える。しかしこれは業界全体の犯罪であって、これで免責されるわけではない。

四　銀行取締役の注意義務に関する具体的検討

1　破綻銀行取締役に対するFDIC訴訟提起マニュアル

FIRREA一八二一条k項により、連邦預金保険機構により保証されているが、破綻した金融機関の取締役及びオフィサーに対し、FDICは金銭的損害に対する民事的責任を追及する訴訟提起権を有する。その際FDICは、どのような基準で、訴訟を遂行するのだろうか。

FDICから公開された資料[29]によると、連邦預金保険により保証された金融機関の取締役またはオフィサーに対する民事訴訟リスクに関して以下のような文書を公開している。

① 誠実で経験のある取締役を認容すること。これは特に破綻時にリーダーシップを取るときに有効である。

② 連邦法、州法及び規則に従うこと。この中には善管注意義務・忠実義務を含む。特に忠実義務は、役職員に誠実に職務を遂行し、銀行の費用で自己または第三者の利益を図ることを厳しく制限している。また善管注意義務は、銀行業務を管理する企業人として勤勉にかつ思慮深く行動することを要求する。このことは取締役に、以下の内容を持つ適切な経営を選択・監視・評価することに責任を持たせることを意味する。つまり適切な経営方針を立て、その実行を監視・評価し、全ての情報に基づいた熟考の元で、法により要請されている経営の健全性適法性を監視するシステムを構築しなければならない。

③ オフィサー（上級業務執行者）は、日常業務を適法にかつ健全に遂行する義務を負う。また適切な情報を即座に取締役に知らせなければならない。同様に取締役の側も適切な時期に情報を取得しなければならない。

④ 取締役は必要があれば、直ちに情報を監督機関に知らせなければならない。

FDICはこれらの責任を満たすような役職員に対し、訴訟は提起しない。しかしもし訴訟が提起された場合には、FDICの詳細な検査結果に基づいて行われる。またFDICが訴訟を提起するのは、提起することに健全な理由があり、コストベネフィットの蓋然性が高い場合である（FDICは破綻した銀行の二四％の取締役に対し、訴訟を提起している）。従前の取締役に対する訴訟は、善管注意義務忠実義務を満足させることができなかった場合である。提起された訴訟は少なくとも、以下の三つの基準のうち一つを満たすことを必要とする。

ｉ）役職員が不誠実（dishonest）な行為を行ったり、内部者の濫用的な取引を是認したり許した場合

ii）役職員が、法令・監督機関からの指示・規制に違反して金融機関を破綻させた場合、または健全性安全性に違反した行為に参加して破綻させた場合

iii）役職員が適切な経営方針をつくり、それに忠実に実行し、ふさわしくない融資を理由を知りながら是認した場合。その例として、監督者や弁護士などのプロからの警告を無視したり、借り手の必要な情報を取得しなかったり、担保不足だったり、返済能力がなかったりする場合。

訴訟を提起する場合社内取締役（職員）か社外かで、その基準を分けなければならない。社内取締役は十分な業務知識や経験もあるので直接責任を負う。しかし社外取締役は通常役員という地位以外はほとんど銀行に関係がない（名目的株主を除き）し、日常業務にも参画しない。社外取締役に訴訟が提起されるケースは、社内での濫用的取引等に参加したり、修正が必要なのに、会計士や弁護士規制当局のアドバイスに違反して警告を発しないケースである。後者の場合、問題修正的な方法を採ることが出来なかった時は、その後の損害のみ責任を負う。

2　ＦＤＩＣ法令遵守マニュアルからの示唆

法令・規則違反が取締役としての注意義務に違反するのに大きく影響している。この点アメリカでは、特に貸出について立法が多い。我が国の銀行取締役には直接役立つわけではないが、法令遵守に関して一定の

示唆を与えると思われるので、以下具体的に検討したい。

例えば貸出に関して最も重要な立法と考えられているＣＲＡ[30]（Community Reinvestment Act）に関しては、ＦＤＩＣの検査は別の配慮を必要としている。ＣＲＡとは、銀行は、その地域から集めた預金量に比例して貸出もしなければならないという法律である[31]。その地域の健全な発達にとって、融資額の確保は欠かせないとする発想である。検査の重要な一項目であり、それぞれの金融機関には、ＣＲＡ専門のオフィサーがいる。当然のことながらこのような専門の部署を設けなければ、法律違反となる。

ＦＤＩＣからは、法令遵守検査のマニュアルが公開されている[32]。ＦＤＩＣがどのような基準で法令違反を検査するかは、ＦＤＩＣが金融機関の取締役や上級職員の法的責任を事後的に追及する際に極めて重要になる。ＦＤＩＣは内規で法令違反を訴訟原因としているからである。そこで貸出に関する法令遵守検査[33]を検討していきたい。

ＦＤＩＣが法令遵守検査のために来訪した場合、金融機関側は、最高経営責任者（Chief Executive Officer）、マネージャとともにＣＲＡの担当者が最初に検査官からインタビュー受ける。その際検査項目が指示されるが、個別の融資取引を除き、融資取引方針に限るとおおむね以下の項目が該当する。①その銀行の融資方針が他の法律、特に信用機会均等法（Equal Credit Opportunity Act）及び住宅公平法（Fair Housing Act）及びＣＲＡに違反した項目が含まれていないか、②取締役や他の上級職員が消費者保護・公平な貸出に関する研修を受けているか、③ローン申し込み拒絶の中で、理由書や記録の中に上述の法令に違反するような理由（性別、年齢、地域による差別）が含まれていないか、そのような理由が上述の法令に違反しないか確認しているか、その監査に外部の人間による監査が入っているか、④上述の法令に関して、自己分析テストを実施しているか（これは強制ではなく、推奨である）である。

このように、米国の法令遵守検査から得られるものは、検査の手続を遵守しているかという点である。この点で細かい点まで規定する米国法令及び検査当局の姿勢が理解される。

3　金融庁検査マニュアルの検討

検査手続きに関連して、わが国の金融庁による「預金等受け入れ金融機関に係る検査マニュアル」[34]が、取締役の注意義務基準を考察する上で参照に値する。

検査マニュアルの中でも最も重視されているのが、法令遵守である。同時に金融機関には公共性が求められ、そのマニュアルを基に各金融機関で独自の行内検査マニュアルを作ることが求められている。その際重要なのは、業務の健全性と適切性の確保である。

法令遵守体制の具体化として、[35]①取締役は代表取締役の独断専行を牽制・抑止するために取締役会の意思決定・業務執行に積極的に参加しているか、②実質的議論に基づき善管注意義務・忠実義務を尽くしているか、③金融機関の公共的・社会的使命をふまえた企業倫理の構築を具体的に実行しているか、④業務運営に関してもコンプライエンスに配慮しているか、そして⑤基本方針及び遵守規定を具体的に「行動指針」として示しているか、である。その行動指針の中には、①業務部門によるチェック、②独立した部門によるチェック、③会計監査人等によるチェックの三段階が必要である。特に注意されるべきものは、一定規模以上の営業店に独立した「コンプライエンス・オフィサー」を設置することである。

更に役職員が当該マニュアル等に違反した場合、法律上要求される権限を忠実に実行し、業務の健全化に必要な対応策を尽くしているかが、重要となる。特に「銀行経営」に関し、注意されなければならないものは①増資ルール違反（商法二八〇条の二以下）虚偽のディスクローズ（商法四九八条、銀行法六三条以下）、③粉飾決算・違法配当（商法二九〇条、四八六条等）、④役員の兼任禁止違反（銀行法七条、六五条）、⑤反社会的勢力（総会屋等）との関係遮断（商法二九四条の二、四九七条）である。

特にリスクの大きい貸付業務に関しては、①大口融資規制違反（銀行法一三条）、②不正な使途目的、③専決権限違反（分割貸付、稟議違反、無稟議など）、④取締役に対する貸付（銀行法一四条）、⑤浮き貸し（出資法三条等）、⑥情実融資（商法四八六条）は厳に慎まなければならない。

またリスク監視体制に関して、①役職員のリスク管理に対する認識、②適切なリスク管理体制の確立、③内部監査、④外部監査に分けてみていきたい。リスク管理に関して、取締役はリスクの所在及び種類を理解した上で、リスクの測定、モニターリング管理を徹底する。特に担当取締役は深い理解が必要である。また適切なリスク管理に関して、各部門の戦略目標に関し、どのような金融商品を取り扱い、そのリスク管理はどのようにするのか継続的に特定しなければならない。特に新規事業に関しては、リスク管理に必要なインフラを特定しなければならない。そのリスク管理に関する情報は取締役会に直接報告しなければならない。

内部監査に関して、取締役会の中に専ら内部監査部門を担当する取締役を選任するべきで、それが出来ない場合には監査部門の独立性を担保しなければならない。また取締役会は定期的に内部監査の有効性を確認しなければならない。外部監査に関しては、取締役会は中立的な外部監査の必要性を認識し、国際統一基準を採用する金融機関にあっては、海外の拠点ごとに各国の事情に応じた外部監査を実施しなければならない。

取締役会は定期的に外部監査が有効に機能をしているか確認しなければならない。

このように現在では、金融庁により発行されている検査マニュアルの中の「法令遵守マニュアル」により、取締役の監視機能が効率的に働くことが期待されている。したがってこのマニュアルは法令ではないが、「法令違反」判断の際には、取締役の義務違反に関して、十分考慮されるべきである。

4　米国銀行法コンメンタールによる検討

銀行取締役の注意義務に関して、実際にその外の業務に関してどのように責任が問われるのだろうか。今までは、判例、法令、監督官庁による検査基準などを検討してきたが、いわば事件になったあとの検討であった。そこで本節では、米国のコンメンタールに従って、事件になる前の事情に関し、検討したい。(36) そこでは取締役やオフィサーが責任追及される三〇の事例が検討されている。

(1)　業務に関連する法規制を遵守することに失敗した。我が国の二六六条一項五号は過失責任であるために、法に違反した場合過失の有無を検討する必要がある。但し関連法令（銀行法・証券取引法、商法、独占禁止法等）に関しては、当該業務のプロとして過失の認定は厳しく考慮されるべきである。場合により、監督当局による通達も法令に該当することもある。

(2)　銀行監督当局の指導・警告に注意することに失敗する。金融業務に関し、監督当局から、法令に基づき、指導・警告を受ける場合に、それに従わなかったときは、法令以外にも、これら指導・警告違反として、注意義務違反となることがあり得る。判断する際には、その指導が法令に適合するか、その目的が法令に違反しないかが考慮され、その上で、その違反が銀行取締役として注意義務違反となるか否かを検討しなければならない。

(3) 銀行の従業員に対して適切な監視を行うことに失敗する。監督する立場の取締役はより厳しく判断される。取締役は経営者であるので、大和事件の指摘からも、特にリスク管理の観点から、従業員に対する監視義務体制を構築する必要がある。

(4) 継続的、そして重大な過振り（Overdraft）に対する警告に適切に対処しない。融資先の適切な管理として、当座信用を供与した相手が、事後過大な取引により、信用供与額が大幅に当初の限度を超えた場合には、適切な処理を行わなければならない。

(5) 営業費用（Operating Expense）に対する適切な監視をしない。この点は、銀行取締役も一般事業会社も、経営者として同じである。しかしながらやはり銀行取締役は、信用システムに関連する業務を営んでいるため、一層注意して経営すべきである。

(6) 有価証券の利息を適切に管理する。これには、自らが保有する有価証券の受取利息だけでなく、次の項目と相まって、自らが発行する有価証券の利息も含まれる。

(7) 支払利息を適切に管理する。前述のように、自ら発行した有価証券の支払利息もこれに含まれる。

(8) インサイダー取引について正確に調べる。銀行には、内部情報が集まりやすい。銀行取締役は、顧客情報に関連する有価証券取引について、極めて高い注意が必要である。疑われるような行動はとるべきでない。

(9) リースの買い取りを正確に監視する。これには、リース債権もその例だが、新しい形態の金融取引に関して、リスクを正確に把握しておくこと、とも理解できる。従ってデリバティブ取引のリスク管理もこれに含まれる。

(10)　銀行自身の文書による貸し出し政策に反して信用供与の延長をすること。信用状況の悪化に対する対処も含まれる。この点は、必ず合議の上、定期的にその判断をチェックしてもらう必要がある。特にそう判断した決定の中に、特別の事情が考慮されていないか、精査されなければならない。

(11)　計算（財務）処理に関する利用しうる会計基準の選択の失敗。特に金融機関は、正確な会計処理、適切なディスクロージャーが要求される。時価会計の導入が始まるが、適切に処理されなければならない。もし適切な開示がなされないで、ディスクロージャーが適切に行われないと、信用システム全体の不安を産む。

(12)　適切な債務者への償還計画を構築しない。不良債権処理に関する対外的な処理について、取締役は責任を負う。但しこれには、監督当局の意向も反映されるので、不良債権処理が進まない場合、それが取締役の過失によるかどうかを判断しなければならない。

(13)　法令に違反して、不動産鑑定を適切に行わなかったり、鑑定方法を構築しなかった。鑑定評価法は適切に定められたものを用いて、担保価値を正確に評価する必要がある。もし評価が難しいものがあれば、早期にその適切な評価法を確立する必要がある。

(14)　適切な債権回収をしなかった。不良債権処理に関連して、金利減免先や要注意先などに関し、適切に督促や、回収を執行し、銀行に負担を与えない。債権回収が遅れると資産自体が劣化することがあるので、債権回収の時期も重要な判断ポイントである。

(15)　銀行の損害に対する利益相反を許容した。自分の利益を優先させ、銀行に損害を与えて自己または第三者に利益を与えた場合である。もっとも典型的なのは、旧信用組合理事が、自分の経営する他の企業に適切な手続なしに資金を融資していた事例である。また関連会社に対する融資、紹介融資等も、銀行の利益を害していないか個別に判断する必要がある。

(16) 銀行債務を適切に運営することをしなかった。これには、預金の金利の管理も含む。アメリカでは金利が自由化された一九七〇年代には、自己の経営を無視した高利競争が行われ、小規模の多数の銀行が破綻した。これを許すと、国家の預金保険政策によるモラルハザードを産む。

(17) 投機的なベンチャー企業に対し、一〇〇%以上のファイナンスを与えること。新たな収益源として様々な融資が各銀行で検討されているが、全体のリスク管理が重要であり、融資対象に対する理解が必要である。これらの企業はハイリスクなので、他の企業に対するよりは、より厳しい融資の上限が必要である。

(18) 銀行の法的（内規も含む）貸出上限高を超えて信用を与えること。これは破綻した金融機関の事例で、よく見られるものである。もし内規に違背する判断であれば、客観的に合理的な理由付けを明示し、社外取締役のような第三者から検討を受けるのが望ましいであろう。

(19) エネルギー（特定産業）産業に対する不安定で不健全な融資を行うこと。歴史的に、例えばコンチネンタルイリノイ銀行が倒産した事例を見ると、石油産業に対する融資が関連していた。エネルギー産業はかなり投機的な側面があり、この点が重視されなければならない。

(20) 個人信用に問題がある、若しくは価値がない借り手への過度の信用の供与。借り手の過去のクレジットヒストリーを適切に検討し、消費者金融など他業態と情報交換を進めながら、信用供与の判断をしなければならない。

(21) 潜在的借り手の信用情報に関し、不正確または適切でない情報に基づいて融資する。当然のことながら、融資判断には、正確な情報が必要であり、銀行取締役はプロとして、正確な情報に基づいて判断する責任がある。

(22) 担保の不適切な評価による信用供与の拡大。例えば掛け目などの担保の評価を確立し、適切な評価に基づく融資実行が求められる。

(23) 満期が来ていないまたは保証（保全）されていない証券担保の質権設定。的確な担保管理が要求される。時に単純な期日管理だけでなく、デリバティブの期限リスクなどにも十分留意する体制をつくる必要がある。自分で管理することが無理な場合には、管理できる体制をつくる必要がある。

(24) 必要な内部の承認を得ない信用の供与。頭取の独断の融資、常務会の議決を経ていない融資などが多くの金融機関を破綻させてきたのは、事実であり、監視する取締役も、社外取締役も含めて、内部承認に関する手続を厳格化させる必要がある。

(25) 銀行の通常取引の範囲外（場所）の信用供与。営業地域外のまたは、不動産融資のような専門の営業でない業態への融資に関しては、内規および場合により定款を変更し、必要な手続をふまえた上で行われる必要がある。

(26) 安全でなく不健全な融資の集中。自分の会社に対して融資を集中したり、特定のグループ（企業）に融資を集中した結果、破綻に至った事例が日米とも極めて多い。他の取締役も監視義務があり、正確に把握する必要がある。

(27) 財務諸表の不正申告、不正な処理。適切なディスクロージャーは市場に対し、金融機関の信用を失墜させ、公開企業の虚偽記載は、法的責任を伴う。

(28) 無謀なボーナスや配当の支払い。違法配当や規模に対して過剰な報酬などは、銀行の経営体力を著しく落とすことにつながる。公共的な性質を持つ金融機関としては、厳に慎まなければならない行為である。

(29) 取締役会への定期的な欠席。明らかに、取締役の監視義務違反（商法違反）・注意義務違反となる。

(30) 法律、定款、そして銀行業の安全、健全、思慮深い銀行業の原則に従って、銀行業務及び営業を監視し、経営し、指揮監督することに失敗した。この規定は漠然として、直接何かを義務づけたものではないが、銀行取締役としての包括的な義務を定めたものであろう。

こうしてみると当たり前ではあるが、無理な内容ではない。銀行業務に関連して、やや高い注意義務をおっている。銀行取締役はプロとして当たり前のことがここで求められているといえよう。

五　小　結

銀行の取締役の注意義務基準に関し、検討してきたが、判例の中には不良債権により破綻した金融機関の事例が多かった。このことは、融資に関する取締役の判断がいかに重要かを示している。また大和事件やＦＤＩＣ対グリーンウッド事件のように、職員の監視義務に言及する判決もある。そこで最後にこれまでの検討をまとめることで、「銀行取締役の注意義務」に関し一定の方向性を出したい。

ブロデリック対マーカス事件では、健全銀行原則を無視して、無担保で一〇％という制定法による大口融資規制を超えた融資につき、注意義務に違反しているとされた。またアンダーソン対バンディ事件では、銀行取締役は、職員からただ報告を受けるだけではなくて、銀行取締役にふさわしく主体的に検査する義務があり、幹部職員からの進言を無視して、制定法の上限を超えて、大恐慌の中、リスクの高いオプション取引を行ったことが義務違反に当たるとされた。ＦＤＩＣ対ビアマン、スタンリー事件では、銀行取締役は、相当な時間およびエネルギーを、銀行業務の監視、会議への参加、並びに検査報告にあてなければならないとされた。これらの義務は、単純に他人（部下および他の取締役）を信頼しただけでは免責されない。ＲＴＣ対アクトン、リッテンベリー事件では、不動産関連融資に関し、大口融資規制関連する当局の指導を無視して、経営破綻した場合に、この判断は経営判断原則により免責されないとした。

我が国の中京銀行事件では、判例は「事実認定または意思決定過程に通常の企業人として看過しがたい過誤、欠落があるために、それが取締役に付与された裁量権の範囲を逸脱したものとされるかどうか」により注意義務違反を決定すべきとし、継続して被担保債権額の四〇％程しか価値のない利札のない国債を担保とした判断は、注意義務違反ではないとしたが、この判断は「銀行取締役の判断」としては、問題があろう。また東京都観光汽船株主代表訴訟では、一般企業の取締役が、毎期赤字を計上し、融通手形を発行しており、更にその相手方が倒産するなどの状況で、当該グループ企業にたいし無担保で貸付を継続したことは、取締役として注意義務に違反する、とした。この理は、当然もしくはそれ以上の程度で、銀行取締役にも当てはまる。銀行取締役は、融資判断に関して十分な経験と能力を有するからである。大和銀行事件では、当該有価証券取引に関し、検査対象の入手に関し、同一人物に入手させることで改竄の機会を与え続けたことは、注意義務違反となるとされた。銀行取締役は、金融取引のプロとして、当該取引のリスクを把握し、管理体制を確立しなければならない。

また日米の金融当局の検査から理解されるのは、米国では、例えば、ＣＲＡなどの特別立法が多く、法令遵守に関して検査項目が多い。十分な理解が必要である。（日本の金融庁の話）。最後にコメンタールからは、三〇項目の指摘があったが、①融資に関する義務、②法令遵守義務、③内部的管理・および手続の確保、④リスク管理・経営監視の適正に分けられる。これらの項目は、例示であり、これに限定されるわけではない。これらの注意義務を理解し、新しい状況が展開した場合に、銀行経営のプロとしての「銀行取締役」としての判断が期待される。

(1) 従前日本の銀行では検査部には検査のエキスパートではなく、通常の銀行業務を経験して、かなり年次の上のものが任命されることが多かった。
(2) Cf. J. Macey, G. Miller "*Banking Law and Regulation*" (1997) p. 335-336.
(3) Broderick v. Marcus, 152 Misc. 413, *; 272 N. Y. S. 455, 1934 N. Y. Misc. LEXIS 1377
(4) Atherton et al. v. Anderson, 99 F. 2d 883 ; 1938 U. S. App. LEXIS 3015
(5) 吉井・前掲書一〇七頁参照。
(6) Billman v. State Deposit Insurance Fund, 88 Md. App. 79 ; 593 A. 2d 684 ; 1991 Md. App. LEXIS 156
(7) *ibid. at 698*.
(8) Litwin v. Allen, 25 N. Y. S. 2d 667, 1940 N. Y. Misc. LEXIS 2596
(9) Birman v. Stanley, 2 F. 3d 1424 ; 1993 U. S. App. Lexis 20459
(10) Billman v. State Deposit Insurance Fund, 88 Md. App. 79 ; 593 A. 2d 684 ; 1991 Md. App. LEXIS 156
(11) Cf. Broderick v. Marcus, 152 Misc. 413, ; 272 N. Y. S. 455, 1934 N. Y. Misc. LEXIS 1377.
(12) Cf. *ibid*., p. 2
(13) Cf. Anderson v. Bundy 161 Va. 1 ; 171 S. E. 501 ; 1933 Va. LEXIS 296
(14) LITWIN v. ALLEN, 25 N. Y. S. 2d 667, 1940 N. Y. Misc. LEXIS 2596
(15) Cf. *ibid*., at 678.

(16) FDIC v. Birman, 2 F. 3d 1424 ; 1993 U. S. App. Lexis 20459

(17) Cf. *ibid.*, at 1310-1311.

(18) FDIC v. Greenwood, 739 F. Supp. 450, 1989 U. S. Dist. LEXIS 17423 at. 451.

(19) RTC v. Acton, Rittenbury et al., 844 F. Supp. 307 ; 1994 U. S. Dist. LEXIS 1750.

(20) Cf. *ibid.*, at 314.

(21) 「中京銀行事件」金融商事判例（一〇一二号）一四頁以下参照。

(22) 「東京都観光汽船株主代表訴訟上告審判決」金融商事判例（一一〇五号）一六頁以下。

(23) 同、三一頁参照。

(24) 松山地判平成七年三月二七日。資料版商事法務一四三号一四九頁。

(25) 吉井敦子「銀行融資と取締役の善管注意義務」『裁判実務体系16』一八九頁以下参照。

(26) 二〇〇一年五月二二日・日本経済新聞「富士銀、民事再生法の企業に融資」

(27) 松井秀樹「大和銀行判決の実務に与える影響」金融商事判例（一〇一二号）二頁参照。

(28) 従前日本の銀行では検査部には検査のエキスパートではなく、通常の銀行業務を経験して、かなり年次の上のものが任命されることが多かった。

(29) Cf. http://www.fdic.gov/regulations/laws/rules/

(30) 12 U. S. C. §§ 2901-2906

(31) Macy, Miller., "*Banking Law and Regulation*" (Aspen, 1997) p. 210.

(32) Cf. http://www.fdic.gov/regulations/compliance/manual/index.html

(33) Cf. *ibid.*

(34) http://www.fsa.go.jp/manual/manual.html

(35) Cf. 「法令等遵守体制の確認検査用チェックリスト」p. 13. ff. cf. *ibid.*

(36)　Cf. Banking Law (Matthew Bender & Company) 1-6, § 6.04

第三節　大和銀行事件の和解と株主代表訴訟をめぐる商法改正の検討

近年極めて頻繁に商法改正が行われている。商法は、基本法であるにもかかわらず、二〇〇一年には、実に三回の商法改正があった。これは政府提案による法案のほかに、議員立法による法案が、可決成立したこともその背景にある。さらに今後、社外取締役の起用を促す抜本的な商法改正法案が、二〇〇二年の通常国会で審議される見込みである。

近年の商法改正の特徴は、景気低迷による企業業績の改善、とりわけ、株式市場の低迷を念頭に置いた改正が多い。例えば平成一三年一〇月一日から施行された議員立法による商法改正は、①保有目的の自己株式の取得（いわゆる金庫株）を解禁し、②株式の額面を廃止して、一株あたりの純資産額規制を撤廃し（旧商法二一八条二項）、ベンチャー企業等が資金調達を容易にし、③法定準備金の取り崩しを容易にするなど、景気低迷で余力が無くなった経済界の強い要請により、決定されたものである。銀行経営に関しては、取り崩された法定準備金が、政府出資の公的資金による優先株（無議決権株）への配当支払に使われる結果、配当ができなくなることによる議決権の発生、ひいては銀行の事実上の国有化を未然に防いだという側面があり、実務界では評価されている。この改正は、反面、赤字会社でも新株発行ができるなど機動的な資金調達を可能とした一方、会社法の重要原則である、有限責任会社の「資本充実原則」に重大な影響を与える。この結果投資家がこれらの企業が発行する株式を購入した（新株を引き受けた）すぐあとに、当該企業が破綻することもあり得、投資家保護にとっても大きな問題となる。しかしそれに伴う投資家保護は、本稿で検討したとおり、金融サービス法において、アフターケア義務が認められていなかったり、適合性の原則の例外ばかり規定するなど、金融サービス法の制定は大きな前進ではあったが、十分ではない(1)。マイカル債やアルゼンチン国債など投資家保護上大きな問題となる事件が頻発している今こそ、この点の改正も必要となる。

株主代表訴訟に関しても、経済界の強い要請と、大和銀行事件が強い引き金となって、議員立法で改正法案が可決成立し、取締役の責任制限が認められるようになった。改正法によると、犯罪行為を除き、賠償責任を代表取締役で税引き前年収ベースで六年分、それ以外の社内取締役は四年分、社外取締役、監査役の場合は二年分に制限する。取締役の責任を軽減する方法は、①訴訟が起きてから、株主総会の特別決議により賠償額を報酬の二～六年分に軽減することを承認するか、②予め監査役全員の同意により株主総会の特別決議をもって、責任軽減をする権限を取締役会に授権する定款変更をしておき、個別の事件毎に責任軽減を決定し、株主へ通告する。②の場合、株主に異議がある場合には、反対株主が一ヶ月以内に発行済株式総数の三％以上に達すれば、当該取締役会決議は無効となる。このことから、予め、定款変更をしておく会社では、取締役会の決議だけで、責任制限ができる。確かに三％以上の株主が異議を唱えればこの決議は無効となるが、公開企業にあっては、三％以上の株主というのは、上位三位以内の法人株主であることが多く、実際上異議申し立ては、個人株主のほとんどが反対する場合などを除き、困難である。結局形骸化した株主総会の中で、全て内部者という現在の企業統治を追認する改正であり、自己責任経営の適切化・遵法化という至上命題を先送りしただけの改正となった。

更に問題であったのは、持株会社化と代表訴訟提訴資格問題である。本書で詳しく検討した「大和銀行事件」は控訴審で和解した(2)。七億ドル以上の賠償を命じた原審に比べ、第一審判決で敗訴した取締役の手取り年俸一年分にあたる二億五千万円で和解したものである。問題は金額よりも、被告全員の法的責任について、和解条項では言及されなかったことである。被告らは、法的に責任はないが、「道義的」に和解に応じたとしている。これは第一審判決の意義を、全く無視するものである。また原告側が和解に応じた背景には、「大和銀行」があさひ銀行らとともに、持株会社を設立し、大和銀行株主たる原告は、持株会社化により原告適格を失う恐れがあるからである。二〇〇一年三月に東京地裁で、日本興業銀行の株主が起こしていた株主代表訴訟に関し、株式交換等により「持株会社が設立されると原告は日本興業銀行の株主たる地位を失う」として、事件が却下された。これが先例となって、大和銀行が持株会社を設立するのに際し、大和銀行事件の原告は訴える資格を失うという結果を導き、これが原告を和解に導いた最大の要因である、という。持株会社化により、原告適格を失うことは、明らかに立法の不備であり、速やかな立法的措置が望まれる。いずれにせよ、銀行取締役の責任に関し、重要な意義をもった「大和銀行事件」がこのような形で集結したことは、被告取締役を除き、問題をあやふやなまま放置したという意味で、非常に大きな問題である。

今回の改正は、経済界の要請が国会を動かしたものであり、経営者のかねてからの希望が通ったものである。経済界には、更なる責任の軽減を求める動きすらある。しかし問題は、経営の専門家である取締役による経営の在り方を議論するのではなく、安易に制度を変えることで問題の先送りを図る姿勢である。金融業界は、いわゆるゼネコン業界と並んで、護送船団行政による規制産業で、不良債権問題をはじめ、未だに問題を多く抱えている。護送船団行政は、経営者に「行政のいうことを聞いていれば大丈夫という」経営責任のモラルハザードを生む。そのような中で「自己責任で経営を行い、適法な経営を行うこと」は至上命題である。これがひいては経営のグローバルスタンダードにつながる。経営者には、景気低迷が長引き構造改革が望まれている今こそ、安易に制度を変えるのではなく、自己責任で遵法経営を行うことが、求められている。

なお実務からは、責任が軽減されたことで、むしろ裁判所が責任を認める判決が出しやすくなったという指摘もあり、年収の二～六年度分というのはサラリーマン重役にとっては、依然として大きな負担であることには変わりがない。また破綻した金融機関の破産管財人らが、旧経営者の経営責任を追及する訴訟は今後急増することが予想される。従って本章で指摘した取締役の注意義務の類型化・具体化はむしろ今後必要となるといえよう。

（1）　本書第一章第五節参照。

（2）　『日本経済新聞』二〇〇一年一二月一二日参照。

第三章　銀行の破綻処理の特殊性

第一節　銀行の破綻処理（一）——行政による積極的な介入

問題の背景

我が国では周知のように、近年金融機関の破綻が相次いでいる。金融機関救済のための公的負担（いわゆる税金）がほぼ七〇兆という単年度の我が国の予算規模に匹敵する規模に拡大している。他方で二〇〇〇年に入り大手デパートの破綻が相次いだが、公的資金の投入は見送られた。この際に大手デパートは雇用問題などを主張したが、最終的には世論に押される形で直接的な公的資金を投入せずに、大手デパートは施行されたばかりの民事再生法の申請をするという解決が図られた。

我が国はバブル経済崩壊後の長いトンネルから抜け出せずにいるが、金融システム不安が経済再生の足を引っ張ってきたのは紛れもない事実である。根本的な問題は、「同じ規模の会社が破綻した場合に、なぜ金融機関の場合には公的資金が投入され、他方事業会社の場合には公的資金が投入されないであろうか」、ということである。

この問題を考えるためには、バブル経済崩壊後の我が国の金融破綻と一足早く同様の問題が起き、それが解決された米国の例を比較検討することがもっとも有益であると考えられる。本稿の目的は、米国の金融機関――特に銀行――が法的にどのように特別に処理されたかという検討を通じ、我が国の金融機関の破綻に関し比較法的な考察を与えることである。

そのために我が国においていわゆるバブル経済崩壊以降続出した金融機関の破綻を検討し、その破綻処理を法的側面から検討することから始めたい。その上で第一節で一般事業会社の破綻処理と金融機関の破綻処理はどこが違うのか、どのようにしなければならないのかを検討していきたい。

バブル経済崩壊後の我が国において、金融機関、特に預金取扱金融機関の破綻は日常となった。破綻自体は山を越したように思えるが、そのもっとも大きな原因である不良債権は、依然として深刻であり、経済に大きな影響を与えている。

金融機関の破綻は、その特殊性から、通常の破綻処理から切り離されて処理されなければならない。その一つが「行政の積極的介入」である(1)。また金融機関の破綻は、多くの利害関係人――特に不特定多数の預金者――に影響を与えるために、預金保険という破産法とは別の観点からの考察が必要となっている。

数々の金融機関の破綻処理を見ても分かるように、金融機関が破綻した場合、その損失・負債額は膨大である。一次的には破綻した金融機関の資産が引き当てとなり、それでも足りない場合預金保険が信用を供給する。預金保険も基本的には、加盟銀行の保険金でまかなわれるが、それでは不十分な場合には、財政資金による国家の信用で処理されなければならない。従って問題は、この処理コストをどのようにして小さくするかである。第二節では、この観点から、一九八〇年代に金融破綻が頻発した米国の破綻処理を総合的に検討したい。

一　我が国の金融機関の破綻と国営銀行

1　相次ぐ金融破綻（公的資金支援を得たもの）

(1)　一九九二年

いわゆるバブル経済が崩壊し、資産デフレの進展に伴い金融機関の不良債権が加速度的に増加した。以下では我が国の主要な金融機関破綻を検討していきたい。

一九九〇年代に入り金融システムはしばらくは平静を保っていた。しかし九二年七月[2]に料亭経営者らが預金証書を偽造し違法に融資を受けた事件の後始末として、東洋信金が破綻し、預金保険機構からの資金贈与を請け、三和銀行を中心とした金融機関が営業を譲り受ける形で決着した。

また大口融資先の海運業者の不振により四国の東邦相互銀行が経営難に陥ったが、地元地方銀行の伊予銀行が、金融当局の斡旋により預金保険機構からの支援金と低利融資を前提に吸収合併した。預金保険機構はこのとき低利融資を実行しているが、その後低利融資は実行されていない。

(2)　一九九三年

一九九三年五月岩手県釜石市の釜石信金が、長年の不良債権により経営危機を迎えていたが、朝日新聞社の報道をきっかけに破綻処理され、同信金は岩手銀行他三行及び三信金に事業譲渡され、解散した。その方法は、いわゆる米国のP&A（Purchase & Assumption）方式[3]と比較され、破綻した金融機関が統一的に吸収合併されるのではなくて、分割されて事業人員等が譲渡された。その際預金保険機構から二六〇億が贈与され、出資金は上部団体である全信連が弁済した。

また九三年一一月大阪府民信組がいわゆるイトマン事件の事後処理のため、大阪府の信用組合大阪弘容に吸収合併され、預金保険機構が一九九億円の合併支援贈与を行った。

(3)　一九九四年

この年には、四月に佐賀県の松浦信組が佐賀銀行に事業譲渡し解散され、また九月には信組岐阜商銀が大阪に本拠をおく信組関西興銀に吸収合併された。後者には預金保険機構から二五億円が資金提供されたが、前者には預金保険機構からの支援はなかった。

さらに大きなインパクトを与えたのが、いわゆる二信組（東京協和・安全信組）の破綻処理である。東京協和信組の元理事長が自らが経営する企業に対し、同信組等から巨額の融資を行い焦げ付きを生じさせついに自主再建を断念した。本件が特徴的なのはその処理方法である。すなわち市中銀行と日銀はじめ預金保険機構が東京共同銀行を設立し、二信組から事業譲渡を受け、東京都も出資をすることになっていた。しかし前都知事の下東京都は都の支出を拒否した。その後東京共同銀行は事実上の債務超過となり、「整理回収銀行」として改組された。

(4)　一九九五年

前年の信組破綻に引き続き、九五年二月神奈川県の友愛信組が破綻し、神奈川県労金が事業の譲受を行い、預金保険機構は二九億の支援を行った。

また九五年七月末の新聞報道から端を発した事実上の取付が起きたといわれるのが、コスモ信組と木津信組の破綻である。その破綻規模は通常の信組の規模を遙かに越えていた。

コスモ信組からみていくと、その破綻処理に費やされた資金は、業界団体の負担他に日銀二〇〇億、預金保険機構が一二五〇億を支援した。結局監督官庁である東京都が業務停止命令を発し、コスモ信組は最終的に東京共同銀行に事業譲渡をして解散した。

木津信組は九五年八月同じく業務停止命令を受けた。木津信組はコスモ信組と同じく信組業界では大型の金融機関であったが、不良債権問題が原因で、またコスモ信組崩壊から連日預金流失が続き、当局からの業務停止命令に至ったものである。木津信組は東京共同銀行を改組した整理回収銀行に事業譲渡され、預金保険機構は一兆三四〇〇億円の贈与を行った。

同じく八月第二地銀であった兵庫銀行が経営破綻に陥った。不良債権がその原因であったが、神戸大震災も資産の悪化に拍車をかけた。兵庫銀行は九五年一〇月に新設されたみどり銀行に営業譲渡、預金保険機構から四七三〇億円の資金贈与、日銀から一一〇〇億円の貸出を受けた。

同年一一月福井県第一信組が福井銀行に事業譲渡をし解散、預金保険は五億円の資金贈与を行った。同じく一一月大阪信用組合は東海銀行に事業譲渡して解散し、それに伴う負担は預金保険機構から贈与一六九七億円、資産買取八二九億円に上った。

(5) 一九九六年

同年三月第二地銀であった太平洋銀行が、不良債権のため経営が行き詰まり、都銀四行が新設したわかしお銀行に営業譲渡して解散した。預金保険機構は一一七〇億円の支援を行い、他の都銀の支援と併せて太平洋銀行の回収不能債権を償却する計画であった。

また同年四月関西の山陽、けんみん大和信組が、従来から経営難に陥っていたところ兵庫銀行からの支援が同行が破綻したためうち切られたために、淡陽信組へ事業譲渡して解散した。預金保険機構からは預金保険法改正によりいわゆるペイオフコストを超える資金援助適用第一号として不良債権償却原資二三七億円及び資産買い取り分として七一億円の資金援助が行われた。

同年九月秋田県の能代信金と東京都の武蔵野信金が不良債権のために経営難に陥り、前者は秋田県の大曲信金、後者は東京都の王子信金が信金業界内の支援を受けて吸収合併した。能代信金に関してはある新聞社が九五年五月同信金が経営難であると報じてから、急激に経営が悪化したものである。今回の両信金の破綻に関し、預金保険等の公的支援は受けていない。

しかし一一月に大阪府により業務停止命令を受けた三福信組は、経営を整理回収銀行に移転させ経営破綻し、整理回収銀行は同信組の処理のため預金保険から二六二億の支援を受けた。同信組は理事長のファミリー企業への不良債権等が最終的に解消されなかったといわれる。

また同月和歌山県の第二地銀であった阪和銀行が、同行の監査法人が不良債権償却を主張したことが契機となり、当局から業務停止命令を受け経営破綻した。阪和銀行の元副頭取が一九九三年八月自宅前で射殺されたことも記憶に新しい。阪和銀行は事後処理を行う紀伊預金管理銀行に業務を移管し、同銀行は一九九八年に業務を終了した。同銀行は不良債権償却のため預金保険から一九二七億円の資金贈与を受けている。この後既存行員が退職金の増額を請求し、預金保険からの贈与額が八六億円増額された。注目すべきはペイオフは実施されず、預金者は全額保護された点である。

(6)　一九九七年

本年はおそらく金融史に関し長く記憶されるであろう年である。九七年三月兵庫県阪神労働信組が兵庫県信組に事業譲渡のうえ解散し、預金保険機構は三七億円の資金贈与、整理回収銀行が四億の不良資産を買い取った。その後四月岐阜県土岐信組が十六銀行に事業譲渡し解散し、預金保険機構は四三億円の資金贈与、整理回収銀行が一一億で億の不良資産を買い取った。同時に岐阜県の東海信組が自力再建困難として岐阜県の斡旋により大垣共立銀行に事業譲渡し解散し、預金保険機構贈与金一七八億円で整理回収銀行が不良資産を買い取った。

翌四月福岡県の北九州信組が地銀の福岡銀行へ事業譲渡を行い解散、不良資産は預金保険機構の資金贈与（七八億円）により整理回収銀行が買い取った。同じく四月神奈川県信組が横浜銀行に事業譲渡を行い、預金保険機構より贈与支援金（贈与一九二億、買い取り二三二億）を受けた。なお同信組は一九九二年に神奈川県下の三信組が合併した信組であったが、破綻した。一九九七年五月大阪田辺信組がさくら銀行に事業譲渡を行い解散した。

銀行及び信組のような預金取扱機関ではないが、一九九七年には複数の証券・生命保険会社も事業譲渡・経営破綻した。四月には日産生命が大蔵省による業務停止命令を受け、経営破綻した。高利の年金・養老保険による逆ざやと外債投資の失敗である。破綻処理には保険契約者保護基金が上限の二〇〇〇億円贈与したが、予定利率の引き下げで既存の保険契約の保管業務のみに業務を縮小した。また五月には小川証券が、一〇月には越後証券が営業休止の届け出を大蔵省に行った。その後一一月には三洋証券が会社更生法の適用を申請し、事実上倒産した。寄託証券保証機構からの限度外支払いも行われた。同族型の放漫経営と系列ノンバンクの破綻により経営破綻したものであるが、問題はその際に生じたコールマーケットにおける債務不履行である。それがその後の連続する金融機関の経営破綻の一因となった。

一九九七年一一月いわゆる都銀・上位二〇行の一つであった北海道拓殖銀行が巨額の不良債権により債務超過に陥り、第二地銀である北洋銀行及び中央信託銀行に営業譲渡の上破綻、清算となった。直接のきっかけとなったのは、三洋証券破綻によるコールマーケットにおける短期資金調達の不能であった。日銀法二五条による巨額の特融が実施された。

同月旧四大証券の一角を占めていた山一證券が自主廃業、日銀特融が実施された。原因はいわゆる帳簿外の債務の発見の結果、格付けが低下し、資金調達ができなくなったことである。その後資産流失が止まらず自主廃業に至ったものである。

同年一一月仙台市の第二地銀であった徳陽シティ銀行が仙台銀行等に営業譲渡して解散となった。大型金融機関倒産の余波で資金調達が困難となり、経営が困難となったものである。

(7)　一九九八年

この年はいわゆる長期信用銀行であった日本債券信用銀行と日本長期信用銀行が金融再生法により一時国有化されるという事態が起きた。

六月には日本長期信用銀行が外資による株式の売り浴びせにより経営が悪化し、特別公的管理申請（国有化）の申請を行った。日本長期信用銀行はいわゆる長期信用銀行の一角として、金融債の発行を認められてきたが、バブル期の過剰な融資が多くの不良債権を生んだ。貸株市場が整備されていない、及び貸し株取引に対する規制がなかった点が拍車をかけた。

一二月には日本債券信用銀行が金融再生法三六条による特別公的管理（国有化）の通告を受けた。

(8)　一九九九年

本年はいわゆる第二地銀が数多く破綻した。その原因の一つが九八年四月から金融監督庁（金融庁の前身）が設立され、検査が強化され、いわゆる早期是正措置による自己資本の強化により、経営破綻が相次いだものである。

一九九八年東京都の国民銀行が経営破綻した。直接のきっかけは新聞報道が原因であった。この報道がきっかけで国民銀行から預金が二日で六〇〇億以上が流失したといわれる。金融再生法に従い、金融整理管財人が公的管理を開始し、民間銀行に譲渡されるか、もしくは清算の手続きがとられる。

その後五月大阪の幸福銀行が同じく経営破綻した。オーナー一族の同族経営による不良債権が原因であり、同銀行は金融監督庁に早期是正措置に基づく自己資本増強が不可能であり、経営再建を断念した。その後公的管理に移行している。

六月には東京相和銀行が自己資本比率四％を下回り早期是正措置の対象となり、公的資金の申請もままならず経営破綻に至った。

八月にはいると九八年一〇月大阪の福徳銀行となにわ銀行が合併してできたなみはや銀行が金融監督庁の検査結果を踏まえて破綻申請を行い金融整理管財人の管理の元におかれた。同じく八月金融監督庁は早期是正措置の発動を第二地銀である新潟中央銀行に発動し、同銀行はワンマンといわれた頭取が辞任し、破綻申請を行い、破産管財人の管理に入った。

2　金融破綻と金融当局の対応

前述のような金融破綻に対し、金融当局はどのような方法で金融システム安定化を図ってきたのか。年代順に整理していきたい。

(1)　預金保険機構

預金保険機構は、預金保険法に基づき昭和四六年に設立された特別法人である。そのきっかけとなったのは、昭和四五年金融制度調査会答申「一般金融制度のあり方」である。(4) その目的は「預金者等の保護を図るため金融機関が預金等の支払いを行うことにより信用秩序に資することを目的とする（旧預金保険法一条）」である。預金保険機構は政府、日本銀行、民間金融機関の出資により設立された法人である。預金保険機構には、理事長・理事及び監事がおかれている。ちなみに従前は理事長は日銀の副総裁が兼務しており、金融機関の破綻もなかったからほとんど仕事を行う必要はなかった。しかしみてきたように金融機関の破綻が相次ぎ預金保険機構の必要性は非常に高まり、現行法では内閣総理大臣が両院の同意を経て任命することになった。

預金保険機構の主な業務に当該金融機関破綻時における預金等の保険があり（預金保険法二条一項）、対象金融機関（銀行、信用金庫、信用組合、労働金庫）が預金等を受け入れることにより、当然に保険関係が成立する。当初は破綻処理方法をいわゆるペイオフに限っていたが、昭和六一年改正により「資金援助方式」が導入された。(5)

その後金融機関の破綻に伴う金融不安が拡大し、金融当局は平成七年金融機関破綻処理及び預金保険改革につき、最終報告案を公表した。(6) この報告がもととなり、住専処理を中心とする平成八年いわゆる金融関連三法を中心とする金融関連法が成立した。その中心的な内容は、①住専処理法、②金融機関等健全化法、③金融機関更正手続法、及び④預金保険法（厳密には農水産協同組合貯金保険法も成立した）である。

この中でも重要な法律が②金融機関等健全化法であり、自己資本比率及び早期是正措置の導入を目的とするものである。みてきたように本法の影響は極めて大きく、第二地銀を中心として複数の銀行が早期是正措置により破綻処理された。

預金保険法に関して改正された点で重要なのは、二〇〇〇年三月まで資金援助額をペイオフコスト上限額を超える援助を可能にした点である。このため、この時限措置の財源として①特別保険料の徴収を行い、②破綻信用組合の処理のために預金保険機構が行う借り入れに対し政府保証をつけ、③破綻信用組合の受け皿として前出の整理回収銀行を制定したことである。

しかし一九九七年前述のように北海道拓殖銀行を始め大型金融機関の倒産が頻発したために、金融システムに対する不安が非常に増大し、金融安定化二法案（①預金保険法の一部を改正する法律案、②金融機能安定化緊急措置法案）が二月に可決施行された。前者は新設合併にも預金保険機構からの資金援助を可能にしたものであるが、翌一九九八年廃止された。

①　金融再生法

預金保険法の改正など金融安定化二法が可決成立しても、不良債権問題が改善せず、また先述のように早期是正措置による業務停止命令・金融機関破綻が依然として深刻であった。金融システムの不安はいわゆる貸し渋りとして一般企業の資金繰りを悪化させ、また海外ではジャパン・プレミアムとして金融機関自身の資金調達を悪化させた。それを決定的にしたのが、日本債券信用銀行及び日本長期信用銀行の破綻処理であった。金融システム自体の信用が危うくなった。

そこで抜本的な制度改革が急務となり、一九九八年一〇月金融再生関連四法が可決成立した。すなわち①金融再生法、[7] ②金融再生委員会設置法、[8] ③金融再生委員会設置法に伴う関係法律の整備に関する法律、及び④預金保険法一部改正法[9]である。

金融再生委員会は大蔵省から独立した外局であり、金融監督庁[10]を所管し（金融再生委員会設置法一六条）、またその下に証券取引等監視委員会が置かれた（同二一条）。その職務は金融破綻処理制度及び金融危機管理に関する調査・研究（同三条）し、また金融機関の業務の適切な運営のための免許又は検査の監督業務を行う。しかし破綻処理制度は大蔵省と共管である。なお金融再生法及び金融再生委員会は二〇〇一年三月までの限時法である。

上述のように金融機関破綻処理に関して、①預金保険法による処理、②会社更生法、民事再生法などの司法処理の他に、③金融再生法による行政主導の破綻処理の三つの方法が確立された。[11] 米国では連邦破産法は金融機関については適用除外とされているが、[12] わが国の金融機関は株式会社のことが多いが、倒産処理には特別法はなく、一般事業会社と同じであった。しかしこの金融再生法により行政による金融機関独自の破綻処理方法が確立したといえる。

② 司法手続きによる破綻処理

二〇〇〇年から民事再生法が施行され、企業の倒産処理について新しい方法が提示された。金融機関の倒産に関しては現行法上特則がなく一般事業会社と同じ規定の適用がある。しかし銀行法四六条一項及び二項によると、金融業務の専門性の観点から裁判所は「銀行の清算手続、破産手続、和議手続、整理手続き又は更正手続において」金融再生委員会の意見を求めることができ、他方金融再生委員会はこの手続に関し、裁判所に意見が述べられる、といしている。すなわち破産手続に際して金融業務の特殊性を認めて行政庁の関与を積極的に認めたものであると解することができる。

またいわゆる平成八年金融三法により金融機関の破綻処理の一般法として「金融機関等の更正手続の特例等に関する法律」が可決成立した。従来の司法的処理では迅速な破綻処理ができなかったため破綻コストが大幅に嵩む恐れがあった。そのため大きな負担を生むような破綻原因が生じた場合に、破綻に至る直前で金融（監督）庁による破綻申立権が認められた（金融機関更正手続法一六一条以下）。

さらに金融機関が破綻した場合に、当該金融機関の預金者の代理として預金保険機構が権限を変わって行使することになった（同法一七一条）。それに付随して送達が預金者ではなく、預金保険機構に対して送達が行われ（同一六六条）、預金者に対して善管注意義務を負うと規定している（同一八九条）。このように預金保険機構は預金者を代理し、同時に自らも債権者として更正取引に参加するが、預金者の利益を害することはできない。

以上のような規定が存在するが、司法による破綻処理は破綻処理法としては使いにくく、処理に日数がかかる。また私見によると、銀行取締役は代表訴訟（商法二六七条）等に関して一般人が銀行業務のプロである銀行取締役が負っていると期待する注意義務を負っていると解するが、[13] 同時に銀行は株式会社でもあるため、商法その他破綻処理に関連した責任も負担する。また何よりも重要なのは、通常の破産処理で破綻した金融機関を整理すると破産コストが拡大することである。同時に、例えば前述の阪和銀行の破産に際して生じた問題点の一つは、破綻した和歌山県の当該地域に決済及び融資を行う金融機関が無くなったことであり、そこに住む住民の経済活動に多大な影響を与えたことである。そのため金融機関の破綻処理は損失を最小限にするために迅速に行わなければならず、一般司法処理になじまない側面が多い。

③　預金保険法による破綻処理

みてきたように金融機関の破綻処理には多くの場合、預金保険機構による資金援助が伴う場合が多い。そこで現行法による預金保険機構による可能な資金援助を整理してみたい。

預金取扱金融機関の破綻により預金者の預金の払い戻しが困難となった場合に、預金保険機構は預金者に対し、保険金の払い戻しを行う。この場合の預金の支払いは、金融機関の破綻のような保険事故が発生した場合預金者の請求に基づいて行われる（預金保険法五三条一項）。これがいわゆるペイオフである。このペイオフの上限は、昭和六一年に一〇〇〇万円に引き上げられている。[14]

ペイオフの前提となる保険事故には第一種保険事故と第二種保険事故がある。前者は預金取扱金融機関が預金払い戻しの停止を行ったときに、当該金融機関からの通知により預金保険機構が保険金を支払うか否かを決定し、その上で保険金を支払う（同法五三条一項）。後者は金融機関の営業免許の取消及び破産並びに解散の決議がなされた場合に、当然に預金保険機構から保険金が支払われる。周知のようにペイオフは今まで一度も実施されていないが、政府は当初二〇〇一年三月までだったペイオフ停止期間を延長した。預金保険法によると利息も保護されるが、高利で資金を集め破綻した金融機関の責任を負う必要はなく、元本だけで十分であると解する。

また保険金の直接支払いとは別に合併等に伴う資金援助の制度が昭和六一年に創設された。これによると経営危機にある金融機関を他の金融機関に営業譲渡し、又は合併を推進するために預金保険機構が資金援助を行うことが可能となり（同法五九条）、みてきたように幾度と無く実施されてきた。既述したように信用組合の破綻が相次いだため、預金保険機構の中にペイオフコストを上限とする一般勘定の他に、独立した特別勘定がもうけられ、ペイオフコストを超える資金援助が可能となった。手続的には、当該金融機関の申請に基づき、金融再生委員会が認定した上で、預金保険機構に申し込みを行う。その上で預金保険機構が決定するという手続である（同法六四条一項）。

預金保険機構によるペイオフは上限の範囲内で行われるが、これを超える金額につき、預金保険機構が前述の司法手続きによるときに連鎖倒産等が予想される場合に、預金保険機構が当該債権を買い取ることによる預金債権の買い取りという制度も存在する（同法八一条の二、八一条の三）。同様にペイオフ決定までの預金者保護に資するため仮払金の二〇万を上限として仮払金の制度も存在する（同法五四条三項）。

みてきたように我が国金融機関の破綻処理には、もっぱら資金援助方式が使われてきたが、今後ペイオフが実施される可能性も大いに残されている。

3　行政主導による金融機関の破綻処理

既述のように金融機関の破綻が相次いだため、金融システムの安定と再生を図るために、いわゆる金融再生法が制定された。同法では破綻した金融機関の処理に関して一般事業会社とは別の特則をもうけると同時に、金融機関の破綻処理に関して原則を定めたものである。すなわち金融機関の破産管財人による管理及び破綻した金融機関の業務継承、破綻銀行の特別公的管理並びに金融機関等の資産買取の制度による信用秩序維持と預金者の保護が金融再生法の目的である（金融再生法一条）。

金融再生法三条は金融機関の破綻処理に関する原則として①不良債権の財務内容の開示、②健全性が確保されない金融機関を存続させない、③破綻した金融機関の株主及び経営者責任を明確にすること、④預金者を保護すること、及び⑤金融機関の破綻処理費用が最小になるようにすること、を規定している。特に注目すべきは、②及び⑤である。前者は当局が公に非健全な金融機関の破綻を認めた点で破綻処理に関し護送船団方式からの脱却を意味し、後者は明文でコストの最小化が宣言されている。この点後に米国の例と検討したい。以下具体的に検討する。

(1)　金融整理管財人による管理

規模の比較的小さな金融機関が破綻した際に、金融再生委員会により任命された金融整理管財人[15]が破綻金融機関の代表権及び業務執行権を掌握し、財務内容の改善に努め、最終的には営業譲渡、又は合併により破綻金融機関を処理する方式である[16]。その最大の目的は当面は営業が維持されるため取引先に混乱が生じない点である。譲渡先が見つかった金融機関もあるが、譲渡先が見つからない場合結局は破綻処理されることになる。

金融再生委員会は、①当該金融機関の営業が著しく不適切な場合、②営業譲渡が行われることなく業務の全部又は一部が廃止若しくは解散されるとき、当該金融機関が営業する地域又は分野における資金の円滑な需給及び利用者利便に大きな支障がでる恐れがある場合に、金融破産管財人による業務及び財産の管理を命じることができる（同法八条）。

金融整理管財人の管理に関しても、金融再生委員会は調査報告させる権利があり[17]、再建計画の作成等を命ずることができる（同法一四条）。

金融再生法二五条によると、管理の終了は原則一年以内とされ、最長二年とされている。

(2) 承継銀行の設立

破綻金融機関の経営状況がすでに深刻な状況にある場合には、金融整理管財人による管理ではなくて、破綻金融機関のすべての営業を譲り受ける承継銀行（いわゆるブリッジ・バンク）を設立して営業や資産を当該承継銀行に移して処理する方法である[18]（同法二七条参照）。承継銀行が引き継ぐのは健全債権のみであるので、預金保険機構がこの判定を行う（同法二八条）。承継銀行の設立及び出資を行うのは、預金保険機構であり、同時に経営管理を行う。管理の終了は原則一年であり、最長三年となる。破綻金融機関の法人格が消滅するために、経営者株主の責任が直接問われる。

(3) 特別公的管理

金融再生委員会は破綻した金融機関が債務超過であり、当該銀行が破綻した際生じる影響が極めて大きい場合、次の要件のもとで特別公的管理（一時国有化）の決定をする事ができる（金融再生法三六条）。当該銀行の株式を預金保険機構が取得し、一時国有銀行となり、譲り受け先を探すものである。旧日本長期信用銀行と日本債券信用銀行がこの公的管理に置かれた。[19]

破綻してしまった銀行の場合、①当該銀行の破綻により連鎖的な破綻を生じさせ、金融システムが大きな不安を生じさせるとき、②当該銀行が業務を行っている地域又は分野における重要性が高く、当該地域又は分野の経済活動に極めて大きい障害が生じるとき。またまだ銀行は破綻してはいないが、破綻する恐れが高い場合、前述の①②の他に国際金融市場に重大な影響を与える恐れがあること。これらの場合に特別公的管理以外ではこれらの事態を回避することができないことが要件となる。

預金保険機構が株式を取得し公的管理を開始すると、預金保険機構は商法二五四条一項の例外として金融再生委員会の指名に基づき、当該銀行の取締役及び監査役を選任することができ、逆に商法二五七条一項の規定に関わらず金融再生委員会の承認を経て当該銀行の取締役及び監査役を解任することができる（同法四五条）。さらに当該銀行は預金保険機構から業務に必要な資金を借りたり（同法六一条）、預金者保護のため必要な限度で資金援助を預金保険機構に申し込むことができる（七二条）。

このように特別公的管理銀行は、預金保険機構により選任された経営陣のもとで、当該金融機関は資産の健全化、経営の再構築及び不良債権の分離を進め、資産内容が健全となった後に受け皿銀行に営業譲渡されるという計画である。(20)

4　金融機能早期健全化法

金融再生法と同時にいわゆる「金融機能早期健全化法」が可決され、自己資本比率に応じ、金融機関の自己申請に基づき、二五兆円の保証枠の中で公的資金を普通又は優先株式購入により自己資本に注入することにより、早期に金融システムの機能の健全化が図られた。なお金融再生法の成立により従前の金融安定化法は廃止された。

公的資金を申請した金融機関は、リストラなどを含む経営健全化計画を提出して、金融再生委員会の承認を申請し、承認された場合に預金保険機構から委託された整理回収銀行が株式等を引き受けるという手続きをとる。

同時に定められた金融機関の早期健全化のための緊急措置に関する法律施行規則（平成一〇年総理府令六

七号）によると、金融機関は、①健全行（自己資本比率八％以上：国内基準の場合には四％）、②過小資本行（同四％～八％）、③著しい過小行（二％～四％）、及び④特に著しい過小行（二％未満）の四段階に分けられ、それぞれの段階及び地域の必要性などにより公的資金による資本注入の額、方法が異なる。(21)

このように我が国では金融機関の破綻に際して積極的な行政の関与による米国方式が採られてきた。それでは金融破綻が先に頻発した米国ではどのような経緯で金融機関の破綻処理が行われ、行政による金融機関処理が行われてきたか。

二　米国における金融機関の破綻

1　金融機関破綻の背景

米国ではわが国より早く金融自由化が進展し、多くの金融機関が破綻した。特に深刻であったのは、貯蓄貸付組合（Saving & Loan Association 以下Ｓ＆Ｌｓと略記す）の破綻である。Ｓ＆Ｌｓはかつて規制金利や税制上の優遇措置等、わが国の護送船団方式類似の環境の中で順調な拡大を示してきたが、金利の自由化で市場資金金利が高騰し、そのため資金調達が逆ざやとなり、多くの金融機関が破綻した。(22)法的には、その原因は、①預金機関規制緩和及び通貨管理法（Depository Institutions Deregulation and Monetary Control Act of 1980：DIDMCA）及び②一九八二年ガーンセントジャーメイン預金金融機関法（Garn St. ermain Depository Institutions Act of 1982）が従来Ｓ＆Ｌｓに許されていなかった企業貸付、不動産担保ローン、消費者ローンを一定程度認めたことにより、危機的状況に陥った。(23)それに拍車をかけたのが、石油産業の不況や不動産不況である。また慣れない不動産融資でも政府がスポンサーとなっている企業（GSEs）による融資と競合し、競争力がないことを示していた。

しかし最も大きな問題は経営陣の詐欺的取引、信認義務違反（Breach of Fiduciary Duty）、不適切な業務管理である。[24] すなわち①不適切な取締役会の監督、②不安定な資金調達源への依存、③内部腐敗（Internal Fraud）、④詐欺的取引、⑤過大な報酬、及び⑥乱脈融資である。なぜならＳ＆Ｌｓの中でも経営管理がしっかりしている金融機関は、厳しい経営環境の中でも生き残っているからである。従って米国の金融機関（特にＳ＆Ｌｓ）が破綻した根本原因は金融機関の取締役の権限濫用行為、不良融資にあったのである。[25]

さらに同じくらい重要な問題は、政府による監督の失敗（basic Failures of Supervision）である。[26] つまり経営破綻が差し迫った状態（imminent）に至るまで、連邦住宅貸付銀行理事会（Federal Home Loan Bank Board：FHLBB）をはじめとする監督当局が、延命させてきたことである。ＦＨＬＢＢがこの際行ったことは、破綻したＳ＆Ｌｓの市場からの早期退出ではなく、Ｓ＆Ｌｓの会計基準を緩和して、延命を図ったことである。また吸収合併に際しても営業権の評価を緩やかに行った結果、経営を悪化させるだけであった。更に連邦貯蓄貸付保険公社（Federal Savings and Loan Insurance Corporation：FSLIC）[27] は債務超過の状態にある金融機関の吸収合併に際して支援金を出すという政策をとった。その結果当局の財政は悪化し、この政策は失敗に終わった。結局このような政策は破綻処理金額を拡大させるだけで状況を好転させることは出来ず、むしろＳ＆Ｌｓの破綻が続出することによりＦＳＬＩＣ自体が五〇〇億ドル以上の赤字を抱えて破綻した。

そこで抜本的な解決が必要となった。

2　金融機関改革復興執行法と行政の関与

既述のように政府による猶予（Forbearance）が逆の効果しかもたらさなかったので、米国政府及び議会は、貯蓄金融機関及び金融機関の経営の安定化と正常化を意図して、一九八九年金融機関改革復興執行法（Financial Institutions Reform, Recovery and Enforcement Act of 1989：FIRREA）が制定された。これは預金保険法（Deposit Insurance Act）の第三章を改正する法律である。(28) 重要な改正点は従前の「猶予」政策から「早期介入」（early intervention）への政策転換である。

金融機関改革復興執行法によりS&Lsに対する規制の枠組みが大きく変化した。詳しい訂正は別稿に譲るが前述の連邦貯蓄貸付保険公社は連邦保険公社（Federal Deposit Insurance Corporation：FDIC）に統合され、連邦保険公社はS&Lsと銀行の双方を管轄するようになった。さらに経営破綻したS&Lsを処理する機関として整理信託公社（Resolution Trust Corporation：RTC）が一九九五年一二月三一日までという時限的に設立された。整理信託公社は破綻金融機関の資産処分、債権回収、S&Lsの経営関係者の責任追及を民事・刑事にわたり積極的に行った。(29) 整理信託公社が解散されたあとは連邦保険公社がその資産及び負債または破綻処理業務が受け継がれた。

また破綻処理に関して特に注目されるのは、一般事業会社と異なり、連邦破産法の適用が除外されることである。(30) 金融機関に対しては連邦預金保険法が適用され、それぞれの免許の根拠法に従い債務超過が宣言された後に、破産管財人が任命される。この場合に管財人は連邦保険公社か整理信託公社が就任する。両機関は、破綻処理を行う権限を持ち、司法機関による破綻処理の管轄外機関となる。このように米国では立法により金融機関の破綻処理を行政が主導権を持ち、司法手続きとは別の手続きで行っている。

3　小　結

このように日米両国において、金融機関の破綻は、バブル崩壊・金利の上昇などの外的環境の変化の他に、金融機関の経営者の責任に負うところが多大である。米国においても金融機関の破綻に犯罪的行為が多く拘わっていたことから、規制当局の権限により金融機関の取締役等への責任追及が盛んに行われており、この点も別な考察が必要である。[31]

またみてきたように金融機関の破綻に際しては行政の積極的関与なくしては事態は改善せず、わが国の今回の措置はその観点からは概ね正しいものと評価される。しかし米国の歴史的教訓を生かせず、いたずらに損害を拡大した点、及び金融機関の取締役の責任を追及する法的手段が整備・理解されていない点は多いに改善されるべきである。

米国の検討から明らかになったことは、金融機関のような専門的な業務で、しかも地域で唯一の金融機関である場合のように、公共性がある場合には、通常の司法手続きによる破綻処理ではなく、行政が主導で積極的な破綻処理が必要で、それを可能にするような法的措置が必要であることである。検討してきたように、わが国の法制度にはこの点は欠けているといわざるを得ない。同時に預金保険機構のような機関が税金という公的資金を導入する際には、特別な原則・理念が必要なはずである。

（1）　拙稿「金融機関の破綻と特例措置の検討～行政による積極介入の必要性」『小島教授退官記念論文集』（二〇〇一年）五七三頁以下参照。

（2）　日本経済新聞一九九二年七月一三日参照。以下逐一参照しないが本文中事実関係を引用する場合には、日本経済新聞紙面による。

（3）一九八〇年代に米国で金融危機が起きたとき、貯蓄貸付組合（Saving & Loan Association）が数多く破綻した。その際破綻処理に用いられたのが、P&A方式である（吉井敦子『破綻金融機関を巡る責任法制』（多賀出版、一九九九年）三九五頁参照）。

（4）吉井・前掲書三四〇頁参照。

（5）吉井敦子「大蔵省銀行局長通達の変遷にみる金融自由化」六甲台論集三八巻一号一八八頁以下参照。

（6）大蔵大臣の諮問機関である金融制度調査会金融システム安定化委員会報告（平成七年一二月二二日）参照。

（7）同法は、前述の金融安定化緊急措置法を廃止し、破綻した銀行を一時国有化することを主な内容とするものである。

（8）同法は破綻認定及び金融危機管理を主な職務とする金融再生委員会委の設置を内容とする（金融再生委員会設置法二条）。なお実際に同法を立案した大蔵省大臣官房（当時）泉氏には貴重な情報を頂いた。

（9）同改正は、不良債権処理を推進するための整理回収機構の創設を内容としていた。

（10）同監督庁は、二〇〇〇年七月一日から大蔵省の金融企画局と統合され金融庁となった。

（11）吉井・前掲書三四七頁参照。

（12）同、三四七頁及び二〇九頁以下参照。

（13）拙稿「銀行取締役の注意義務の具体的基準（上）」取締役の法務九一号五七頁参照。

（14）吉井・前掲書三五〇頁参照。

（15）通常は弁護士が就任する。登記簿にも金融整理管財人として登記され、名実ともに実権を握る（金融再生法一一条）。

（16）第二地銀が破綻するとこのような方法が採られるが、破綻した旧国民銀行が八千代銀行に営業譲渡されることになったと報道された。

(17)　旧日本長期信用銀行（新生銀行）に関する調査報告書が完成し、長銀破綻の主な原因は市場を無視した経営、特に全く正確なディスクロージャーを行わなかったため、最後は市場に反撃・復讐された、とされている。
(18)　既述したわかしお銀行がそれにあたる。
(19)　二〇〇〇年八月現在日本長期信用銀行は米国のリップルウッドグループに譲渡され新生銀行となり、日本債券信用銀行はソフトバンクグループと交渉中の末、あおぞら銀行として営業を再開した。
(20)　この際健全であった資産から二次的損失が生じた場合、国が元の値段で当該資産を買い戻すといういわゆる「瑕疵担保特約」が新生銀行のケースで問題となっている。
(21)　健全行の場合には銀行の申請により、整理回収銀行が優先株等の引き受けを行う。過小資本行の場合にも銀行の申請により、整理回収銀行が優先株等の引き受けを行うが、この際かなり厳しい経営合理化が求められる。著しい過小資本行の場合には優先株のときと普通株のときがある。特に著しい過小資本行の場合には、当該銀行が特にその地域に必要な場合に限られる。
(22)　この点は多くの文献で同様の記述がある。例えば、斉藤精一郎『ゼミナール現代金融入門』（日本経済新聞社）二六四頁以下、及び吉井・前掲書四頁以下参照。
(23)　Cf. G. N. Olson *Government Intervention : the Inadequacy of Bank Insolvency Resoltion–Lessons from the American Experience*, R. Lastra and H. Schfman (ed) Bank Failures and bank Insolvency Law in Economies in Transition, 1999, Boston p. 118.
(24)　Cf. *ibid.*, p. 119.
(25)　例えば、カリフォルニア州のリンカーン貯蓄貸付組合では、チャールス・キーティング氏により一九八四年に買収され、そこから様々な名目で資金を引き出し自ら経営する不動産業の資金調達として濫用していた。cf.Martin Mayer, *The greatest ever bank robbery* (New York, 1989) p. 165. ff.
(26)　Cf. *ibid.*, p. 119-120.

（27）FSLICは後述する金融機関改革復興執行法（Financial Institutions Reform, Recovery and Enforcement Act of 1989：FIRREA）により廃止されるまで、S&Lsの預金保険機構であった。

（28）Bernard Reams, *A Legislative History of the Financial Institutions Reform, Recovery and Enforcement Act of 1989 : Pubilc Law 101-73, 101st Congress and Related Acts Vol. 1.* (New York, 1998) p. 1. ff.

（29）米国では金融機関の破綻が取締役らの不正行為に起因する場合が多かった（金融機関の取締役の注意義務に関しては、本書第二章参照）。

（30）Cf. Olson, *op. cit.*, 121. ff. また、吉井・前掲書二〇頁参照。

（31）吉井・前掲書はこの点にも詳しい検討がある（本書第二章参照）。

第二節　銀行の破綻処理（二）——コストの最小化

一　FDICによる破綻処理

1　コンチネンタルイリノイ銀行の破綻と「大きすぎてつぶせない（too big, to fail）」原則

アメリカにおいて貯蓄貸付組合（Saving & Loan Association 以下S&Lと略記する）が経営危機に瀕したとき、状況を更に悪化させたのは、行政による延命策の失敗である。(1) つまり経営破綻が差し迫った状態(imminent)に至るまで、連邦住宅貸付銀行理事会（Federal Home Loan Bank Board：FHLBB）をはじめとする監督当局が、延命させてきたことである。(2) FHLBBがこの際行ったのは、破綻したS&Lsの市場からの早期退出ではなく、S&Lsの会計基準を緩和して、延命を図ったことである。更に連邦貯蓄貸付保険公社（Federal Savings and Loan Insurance Corporation：FSLIC）(3) は債務超過の状態にある金融機関の吸収合併に際して支援金を出すという政策をとったが、当局の財政は悪化し、この政策は失敗に終わった。

また大手商業銀行であるコンチネンタルイリノイ銀行が破綻しそうになった際、FDICにより救済された。この際に理論的根拠となったのが「大きすぎてつぶせない」原則である。この原則は、一九五〇年に改正された連邦預金保険法一三条c項により、FDICに与えられた方法であり、当該金融機関が地域社会に「不可欠」な場合、当該銀行は公的支援を受ける。(4) この「不可欠」原則が初めて適用されたのは、一九七一年ユニティ銀行の破綻であり、また一九七二年コモンウェルス銀行、一九八〇年にはファーストペンシルバ

ニア銀行がそれぞれ破綻した際にもＦＤＩＣによる救済が行われた。

その傾向が定着したのが、前述のコンチネンタルイリノイ銀行のＦＤＩＣによる救済である。この際銀行の預金者は九〇％が大口だったにもかかわらず、全面的に保護された。この政策を支持する理由には、(5)①預金保険により保証されていない預金者が放置されることにより、強い金融機関へと預金の移動が起きる、②当該地域で一定規模の預金量を持つ金融機関が破綻することで、地域経済の信用循環（credit flow）に多大な影響が及ぶ、③規模の大きな金融機関が倒産することで、他の小さな金融機関の連鎖倒産を発生させ、国内外の信用システムに影響を与える、等が挙げられる。

しかしこの「大きすぎてつぶせない」原則は、やがて銀行経営者、預金者、債権者にモラルハザードを生じさせた。その結果多数の金融機関――特にＳ＆Ｌ――が破綻し、ついには連邦貯蓄貸付保険公社及び連邦預金保険公社自体が、巨額の損失を被り、破綻の危機に陥った。

2　預金保険法の改正

そこで米国政府及び議会は、貯蓄金融機関及び金融機関の経営の安定化と正常化を意図して、一九八九年金融機関改革復興執行法（Financial Institutions Reform, Recovery and Enforcement Act of 1989 : FIRREA）を制定した。(6)改正点は従前の「猶予」政策から「早期介入」（early Intervention）への政策転換である。(7)金融機関改革復興執行法によりＳ＆Ｌｓに対する規制の枠組みが大きく変化した。前述の連邦貯蓄貸付保険公社は連邦保険公社（FDIC）に統合され、連邦保険公社はＳ＆Ｌｓと銀行の双方を管轄するようになった。さらに経営破綻したＳ＆Ｌｓを処理する機関として整理信託公社（RTC）が一九九五年末までという時限的に設立された。整理信託公社は破綻金融機関の資産処分、債権回収、S&Lsの経営関係者の責任追及を民事・刑事にわたり積極的に行った。(8) 整理信託公社が解散されたあとは連邦保険公社が破綻処理業務が受け継いだ。

その後一九九一年に、「大きすぎてつぶせない」原則は、連邦預金保険公社改善法（Federal Deposit Insurance Improvement Act）により、廃止された。(9) 重要なのは、最も少ないコストによる破綻処理（Least-Cost Resolution）が、法律で義務になったことである。(10) これによると、「権限の行使にあたり、採りうる全ての可能な方法に関し、預金保険基金に対し、コストの負担が最小」のものを選ぶ義務と規定された。例外として、信用システム不安が生じる恐れがあるときには、FDIC（ボードのうち三分の二以上の賛成）、FRB（ボードのうち三分の二以上の賛成）、及び財務省が協議の上、大統領に諮問（Consultation）することにより、(11) この義務から逃れて、破綻処理をすることも可能となった。(12) 本法により、預金保険加入機関は、全てFDICが規制する権限を有する構造となった。

3　現行法上の破綻処理手続概説

このように、アメリカにおいては、破綻処理はFDICが中心として行われる法体系になっている。具体的には、金融機関の破綻処理は、迅速でかつ専門的な処理が必要なため、通常の破産法第一一章（Chapter 11 of Bankruptcy Code）は適用されない。その代わり連邦預金法(13)（Federal Deposit Insurance Act）及び各金融機関の免許法が適用される。(14)

ここで非常に簡略な破綻処理モデルを検討する。(15) 破綻処理を三段階に分けて理解したい：すなわち①受託者（Fiduciary）の指名、②資産の整理（Marchal）、そして③債権者への配当である。

まず第一に破綻（Resolution）手続が勧められるのは、受託者――通常は管財人――の指名が必要である。その前提として、当該金融機関が破産（insolvent）または極めて困難な状態にあることが認定されなければならない。その際通常政府機関――具体的には連邦預金保険機構（Federal Deposit Insurance Corporation）またはＦＳＬＩＣ（Federal Saving and Loan Insurance Corporation 連邦貯蓄機関預金保険機構）――が管財人として指名される。

続いて第二に、受託者は破綻した金融機関の資産を整理しなければならない。この過程で受託者は、金融機関に所有されていたプラスの価値を持つ資産（不動産や動産、老舗、未回収の貸付金及び投資、売掛債権等）を整理して、公平な価格で評価しなければならない。第三に、受託者は金融機関に対する債権を処理しなければならない。債権とは、預金保険で保護されなかった預金者、債権者、債券保有者、不動産貸し主などである。受託者の職務は、第二段階で整理され、評価された資産を、優先順位に応じて、株主に配当することである。しかしこれはその金融機関が物理的に閉鎖されることを意味しない。実際にはその金融機関が、異なる所有者の元で、異なる名称で営業を継続する例が多い。

これらのステップが完了すると、破綻処理は完結する(16)。一部の例外を除いて（例えば後述するオープンバンクアシスタンス）、従前の機関は消滅し、その資産は健全な金融機関（solvent entities）に受け継がれ、債務は優先順位に応じて債権者に払い戻される。そして受託者は任務の終了を宣言し、受託義務は消滅する。

二　受託者の指名

1　受託者による金融機関の閉鎖とその基準

金融機関が破綻すると、通常その金融機関の受託者が選任される。受託者とは、具体的に破産管財人（Receiver）と財産管理人（Concervator）がそれに該当する。しかし例外的に受託者が選任されない場合がある。それは「オープンバンクアシスタンス」方式で、金融機関が事実上破綻しているが、他の金融機関を通じて救済される事例である。この場合は受託者の選任は必要ないが、その検討は**2**清算手続で行う。ここでは①誰が金融機関を閉鎖するか、②閉鎖する基準は何か、及び③受託者の権限について、判例学説に従って検討したい。

まず誰が受託者を選任する権限を持つか、いいかえると誰が金融機関を閉鎖するのか。伝統的には、その権限は免許権者に与えられてきた。すなわち国法銀行（National Banks）に関しては通貨監督官（Comptroller of the Currency）であり[17]、州法銀行（State-Chartered Banks）は州監督当局である。しかし一九九一年連邦預金保険改善法（FDICIA）により、州のS&Lに関しても適切な連邦機関（FDIC、The Office of Thift Supervision：OTS）に閉鎖する権限が与えられた[18]。

ＦＤＩＣは、もし破産管財人または財産管理人が指名される理由が存在し、その指名が預金保険ファンドへの負担をなくしたり、軽減させる場合には、州法免許の非加盟銀行も閉鎖することができる[19]。もし直接閉鎖することができない場合でも、預金保険から除名したり加盟を猶予することにより、閉鎖を間接的に強制することができる[20]。

実務上閉鎖は政府組織により行われるが、私的な意味においても閉鎖が行われる場合があり得る。[21] つまり理論上免許状の中に自発的清算（voluntary Dissolution）が規定されている場合、政府機関が閉鎖を宣言しなくとも、株主がその清算を決議することは理論上あり得る。また取締役が資産及び負債を他の機関に移すことにより、事実上の清算（de facto Liquidation）をすることもある。しかしこの場合には、適切な監督機関の同意、ときにより株主の承諾が必要である。

更に重要なのは、どういう場合に閉鎖されるかという基準である。預金保険法によると、受託者が指名されるのは、①債務超過（資産が負債をカバーできない）、②制定法（規制、慣行）に違反して、資産が流失している。③銀行が危険な状況にある。④金融機関が意図的な資産流失の状況にある。⑤資産隠し、⑥通常の状況では、債務者に債務を返済できない。⑦資本の流失が続き、助力なしには資本の確保が不可能。⑧重大な法令違反があり、経営環境の激変が予想され、預金者の状況に影響を与える恐れがある。⑨金融機関が指名に賛成する。⑩金融機関がもう保険金融機関でなくなったとき、⑪過小資本、⑫資本が元に戻る可能性がない、場合である。[22]

預金保険金融機関は、前触れもしくは聴聞（hearing）なしに閉鎖されることがある。[23] しかしこのような一方的差押には、明確なデュープロセスが欠かせない。[24] すなわちこの場合には、二つの要件が必要となる。①破産もしくは破産の恐れがあり、もし緊急に適切な方法を採らない場合には、預金保険ファンドに損失を与えることが明白である、②金融機関が法的手続を開始しなければならないが、その情報が漏れた場合、預金者及び他の債権者に極めて大きな影響をあたえ、連鎖的な反応が予想される場合である。このような状況では、企業の事業継続という価値は使い果たされる（depleted）。

金融機関の閉鎖に関して、事前の聴聞は不可欠ではないが、破産管財人または財産管理人の指名後の聴聞は不可欠である。(25) もし当該金融機関が国法銀行であった場合、その銀行は指名に関して連邦地裁に、「価値を超える（upon the merits）」ルールに基づき、提訴することも可能である。裁判所は、その通貨監督官の判断が「恣意的（arbitrary）、気まぐれ（capricious）及び権限濫用（an Abuse of Discretion）」である場合、その決定を破棄する（set aside）よう説示する。貯蓄金融機関も、受託者の指名に関する決定に挑戦することができる。(26) 貯蓄金融機関の場合、どのようなときに決定が破棄されるかは法定されていないが、国法銀行と同じ基準が適用されると推定される。実際実務上司法上の「価値を超える」基準がどの程度説得的（stringent）であろうか。フランクリン貯蓄組合（以下フランクリンと略記）対貯蓄金融機関監督所（以下ＯＴＳと略記）長(27)の事件を検討したい。

本件は、ＯＴＳにたいし、フランクリンへの財産管理人の指名を除去しろと命じた原判決(28)の取消を求めた控訴審である。フランクリンは州免許のＳ＆Ｌであり、一八八九年以来カンザス州オタワで営業を続けてきて、従来預金及び融資業務を行ってきた。融資は通常、住宅に第一抵当をつけるというもので、利益は融資と預金の利ざやという非常に堅実経営であった。その後一九七三年にＮＡＳＤＡＱに株式を公開した。

その後支配権が移り、一九八一年以降発展的営業戦略（innovative operating strategies）を開始し、積極的な投資政策を始めたが、その結果資産の三五％がジャンクボンドや不動産保証の有価証券となった。その後店舗を全国展開し、資産を増やすために、集めた預金の七〇％を転売した。そして、その資金でハイリスクの有価証券を買った。

フランクリンの収益は下がっていた。一九八九年度の収益は五万ドルの赤字だったのに、八人の執行職員に三五〇万ドルの給料と九〇〇万ドルの配当を支払っていた。一九八九年までに大変革は終わり、フランクリンは証券会社になった。一九九〇年ＯＴＳは、以下のコメント（finding）を発表した。「フランクリンは経営を継続するのに危険で不健全な状況にあり、(a) 危険資産の度合いが著しく高い、(b) 連邦の補助なしには回復できない状況に陥っている、(c) 法律違反の状況があり、破綻を招来させるような状況がある」とした。役員は、清算の目的でなく、ＲＴＣをフランクリンの財産管理人とする手続きをとった。それを受けて、フランクリンは即座に地裁に「その監督人（Conservator）を取り除くように一四六四条ｄ項(2)(b)により訴えを提起した。

裁判所が確認したことは、行政手続法（Adoministrative Procedure Act）により①ＯＴＳのディレクターが監督人を指名する排他的な権限を持つ。②ディレクターは制定法上の根拠があるときのみ監督人を指名する。③ディレクターが監督人の指名に意見を述べたと仮定すると、彼の決断は自由裁量である。④制定法は取締役の決定を検査する権限を与えている。

しかし原審は、このような判断及び根拠にも拘わらず、二五名の証人を呼ぶなど法の趣旨を逸脱して、自ら調査した結果により、財産管理人の指名は違法という判断を下した。しかしそのような調査（Review）は裁判所に許されるべき調査の範囲を超えており、地裁はその調査権限を不適切に（improperly）拡大した者である。本件指名は違法とした原審判断を覆し、原審に差し戻した。

「価値を超える」基準の解釈に関し、三つの説がある。[29] 第一説は、裁判所は行政の行った判断に関し、手続だけでなく判断の内容に関しても妥当かどうか判断しうるが、「恣意的、気まぐれ及び権限濫用」したか否かという基準に基づくべきである、とする。第二説は、裁判所は行政の判断に関し、新たな事実認定を行うことが出来、その判断も行政の判断に拘束されない、とする。第三説は、その折衷説で、裁判所は行政の記録だけでなく、それ以上の記録に基づいて新たな事実認定もできるとする説である。本件原審は、この第三説に依ったが、控訴審はその判断を覆し、第一説に依っている。思うに金融機関の破綻に関しては、その判断は専門的であり、かつ迅速に判断されなければならない。従って裁判所は、行政の判断を尊重し、明らかに「恣意的、気まぐれ及び権限濫用」基準を満たしたときだけ、行政の判断を審査しうると解するべきである。従って、控訴審のように、第一説が妥当である。

以上のように、誰が金融機関の閉鎖を判断し、その判断に対しどのような救済が可能かを見てきたが、最後に受託者の本質について検討したい。受託者にはそもそも二つの機能がある。それは、機関を閉鎖する機能と、破産管財人を指名し、資産を整理しその上で債権者に配当することである。また銀行の受託者に関して、今後も事業を継続する（maintaining going-concern）ために、財産管理人を指名することがある。両者は法的には異なるが、実務上その機能は近接している。破綻した金融機関の新しい買い手がすぐ見つかれば、財産管理人はあまり必要ない。ともに実務上はＦＤＩＣが指名されることがほとんどである。

2　清算手続――閉鎖処理と非閉鎖処理

前に簡略化された金融機関の破綻モデルを検討したが、ここでは実務上具体的にＦＤＩＣにより採用されている清算モデルを検討していきたい。その清算モデルとは、①オープンバンクアシスタンス、②清算、③購入及び引受取引（Purchase and Assumption：P＆A）、そして④ブリッジバンクまたは新しい銀行の四つである。

(1)　オープンバンクアシスタンス

まずオープンバンクアシスタンスから検討する。この方法は最近ほとんど用いられないが、理論的には財産管理人もしくは破産管財人の選任を要しない点で特徴的である。この場合当該金融機関は決して閉鎖されない。銀行を開けたまま（Open Bank）、当該金融機関の救済が、他の資金を注入する（Infusion）ことで行われる。この手続を開始するのは、ＦＤＩＣであり、[30] ＦＤＩＣは受託者の指名の前に預金機関に対し、以下の条件を満たす場合に限り、直接財政的支援を行うことができると規定されている。すなわち、(1) 当該金融機関の資本レベルが増加しない限り、受託者の指名が行われるか、またはその蓋然性が高い場合、(2) 支援なしには当該金融機関が現行の資本基準に適合しそうもないこと、(3) 当該金融機関の経営陣が有能であり（competent）、法令及び規制に適合してきたこと、並びに (4) 当該金融機関の経営陣が、インサイダー事件、投機的実務、及び濫用的事例に関与してこなかったことである。

ＦＤＩＣによる支援は、様々な方法により行われる。例えば、融資、預金、資産及び有価証券の買い取り、債務引受、または資本注入である。しかし最も重要なのは、現行法上「オープンバンクアシスタンス」がもっともコストの少ない方法であると、ＦＤＩＣの理事会が決定しない限り、この方法は使えないことである。[31] その外非閉鎖処理には、直接資金援助を行うベイルアウト（Bailout）や合併に際しての資産の買い取りに対する資金援助（assisted Merger）等がある。[32] しかしこれらの分類は論者により異なるし、基本的な仕組みは同じである。

いずれにせよこの「オープンバンクアシスタンス」は、相当の議論を巻き起こした。その一つは、当該金融機関の株主がオープンバンクアシスタンスにより、株式的な利益を期待することである。オープンバンクアシスタンスによる救済のもっとも有名な例は、前述の「コンチネンタルイリノイ銀行」の救済である。その理由はその前に破綻したペン・スクウェア銀行に対する債権が焦げ付いたことがもっとも大きな原因であるが、いずれにせよ救済されたのは本来は保証されない外国政府や外国企業などの大口の預金者だった[33]。当局はコンチネンタルイリノイ銀行のような大きな金融機関を閉鎖することで銀行システム全体が不安定になることを恐れた。この見解は、前にも述べたように「大きすぎてつぶせない」理論であったが、これが必ずしも正しくないのは既述の通りである。結果として多くの連邦政府の資金が使われ、四五億ドルの恒久財政支援、四五億ドルのシカゴ連邦準備銀行による返済不要（nonperfoming）融資、そしてＦＤＩＣによる一〇億ドルの資本注入である。この後前述したように、様々な批判から、最小コスト原則及び要件が法定された。また「なぜ金融機関のみを救済するのか」という疑問にも直接答えていない。

ここでオープンバンクアシスタンスまたは以下に述べるＰ＆Ａに関連して、非預金金融機関ではあるが、ＬＴＣＭ（ロングタームキャピタルマネージメント）の破綻（性格には破綻に至らなかったが）処理を検討したい。ＬＴＣＭは非預金金融機関であったが、そのデリバティブ取引の相手方に多くの銀行が取引をしており、ＬＴＣＭの破綻が金融システムリスクを生じさせる可能性があったからである。事実概要は以下の通りである。ロング・ターム・キャピタル・マネージメント（Long Term Capital Management：以下ＬＴＣＭと略記する）は、一九九四年に設立され、コネチカットに本店を置くデラウエア制限事業組合（limited partnership）であり、そのファンドであるロング・タームキャピタル・ポートフォリオ（the Long-term Capital portfolio Fund：以下ＬＴＣＭファンドという）はケイマン諸島のパートナーシップである[34]。ＬＴＣＭは最初から有名トレーダーや多額の資金を集め、一九九五年には四〇％の収益を挙げるなど、順調な状況が続いた。Ｌ

TCMのポジション等の運用方針は、バランスシート上のポジションの八〇%がG7各国の国債であったが、証券市場、相対デリバティブなど他のマーケットにも積極的に参加していた。

一九九八年八月には、先物契約残高の想定（Notional）額は、$五〇〇〇億、スワップ契約は$七五〇〇億、オプションその他は$一五〇〇億となっていた。レバレッジに関しては、株式元本額は$四八億だったが、バランスシート上のレバレッジ比率（Leverage Ratio）は二五対一であった。これは通常のファンドのポートフォリオに比べレバレッジ比率が数倍多く、非常に危険な段階である。

しかし一九九九年八月一七日に起きたロシアのルーブル切り下げと債務の支払猶予は、投資家のリスクを避け、流動性を求める「質への逃走（Flight to Quality）」をもたらし、結果として流動性プレミアムは極めて急激に上昇した。このリスクがあまりにも急激に広がり、LTCMのリスクマネジメントモデルをうち破った。結局この質への逃走が、彼らのモデルの推測に反して、多くの市場の流動性を劇的に減らし、損害を減少させることが困難となった。LTCMの増資の努力は成功せず、その状態は多くの市場参加者にとって、大きな関心となった。九月二一日までにLTCMの流動性の状況は更に厳しくなり、LTCMの主要ブローカーであるベアースターンス（Bear Stearn）が追担保の請求をし、LTCMファンドの流動性の供給を更に減らした。更にデリバティブの取引相手も追担保を請求し、さらなる流動性の供給なしには二三日にも債務不履行の可能性があった。

そこで九月二二日取引の相手方主要四社が集まり、借款方式（Consortium Approach）によるLTCMの資本強化が行われた。その結果ファンドの九〇%の持分とLTCMの経営権が奪われた。その後の議論により、一四社が更にこの借款方式に参加し、NY連邦準備銀行が施設を提供し、もっとも被害が少ない解決方法を斡旋した。二三日の明け方になり、借款方式の参加会社が＄三六〇億の資本注入を行い、営業権を掌握した。これで破綻の危機は去ったが、しかしＬＴＣＭの投資家は債権が一〇％に減らされ、他の責任問題もそのまま残った。このようにＬＴＣＭの事例では、取引相手方の金融機関らが、政府の斡旋により、システムリスク回避のために、債権放棄、出資、経営権取得というプロセスで事実上の清算処理を行った。

(2)　清　算

次に預金金融機関の清算について検討したい。もっとも単純な清算とは、銀行法上「ペイオフ」を意味する。(35) 預金金融機関が破綻した場合、ＦＤＩＣは保険者として、全ての保護された預金者に対し、現金または預金を他の保証されている金融機関に移転させることにより、直ちに払い戻す（Pay Off)。ＦＤＩＣは、もしそれがコストの最小化のためにもっとも良い方法であると信ずるときは、保証されていない預金者に対しても、ペイオフすることができる。そしてＦＤＩＣは会社の資格で（in its Corporate Capacity）他の債権者と同じく求償権を取得する。その間ＦＤＩＣは破産管財人として、資産の整理をし、自分を含めて、割合に応じて債権者に配当する。この過程の最後には、元の金融機関は完全に消滅するが、その資産と債務は他の機関の手で保有される。

預金のペイオフは全てのなかでもっとも簡潔な処理方法であり、かつてはＦＤＩＣにより多用された方法でもある。しかし近年ＦＤＩＣはこの方法をあまり用いない。その理由は、ペイオフは企業の事業継続価値(going concern Value）を浪費して（dissipate）しまうことである。預金は現金で払い戻され、従前の顧客の基盤は消失してしまう。また一九八〇年代初頭のペンスクェア銀行のペイオフにより、より大きなコンチネンタルイリノイ銀行が事実上破綻したように、ペイオフによる連鎖的な破綻が生じる可能性がある。

今日では単純なペイオフではなく、ＦＤＩＣが好むのは、保証された預金移転（insured Deposit Transfer）である。これは保証された預金を健全な他の銀行に移す方法である。その結果ＦＤＩＣは預金ベースで、破綻した金融機関の預金を払い戻すことになり、急激な資金移動は起きない。預金者にとっても自由に引き出すことができ、もしくはそのままにしておくこともできる。

第三のペイオフは、部分修正ペイオフ（modified Pay Off）である。ＦＤＩＣは一九八三年から一九八五年に掛けて、小さな金融機関の破綻の際にこの方法を用いたが、それは補償されている額内の預金に対しては、ＦＤＩＣが全額支払いをし、それ以上の預金に関してはＦＤＩＣの破綻処理の見積もりに基づき、保険金を支払う。もし資産整理の結果見積もり以上の資産が回収されたら、その分保証されていない預金者に返還されるが、もし下回った場合にはその損はＦＤＩＣが負担する。私見によると、早期に法律関係を確定させることはできるが、ＦＤＩＣの負担は最小にはならない。預金者責任をあまり認めていない点で妥当ではない。

(3)　購入及び引受取引（Ｐ＆Ａ）

これまでの二つの方法に比べて遙かに採用されてきたのが、購入及び引受取引（以下Ｐ＆Ａと略記する）である。(36) この方式では、健全な金融機関が、破綻した金融機関の資産を購入し、負債を引き受けるもので、いってみれば破綻金融機関の買収に似ている。買収した金融機関にすれば、破綻した金融機関の信用(goodwill）に某かの対価を払い、行政からは優遇措置を期待する。不足高に関してはＦＤＩＣが補塡する。これが基本的仕組みである。

Ｐ＆Ａにはいくつかのメリットがある。まず第一に、バランスシートの負債資産の両面で、企業の営業継続価値を最大化する。つまり買収者は預金を集める権限・機会を獲得し、同時に返済能力のある融資顧客をも獲得することができる。第二に、資産と負債を移転させることにより、清算のコストを下げることができる。第三に、P&Aは破綻した金融機関に営業を継続させることも可能である。同時にその営業に関し、銀行業務を中断させるような危険を除去し、公衆の関心を和らげる。第四に、P&Aは全ての預金者の全ての預金を保証することが挙げられる。このような利点があるため、FDICの当局者はまずP&Aを第一に考える。FDICだけでなく、裁判所もP&Aを選ぶことを勧めた判決もある。(37)

P&Aの中にも、移転する資産と負債の質と種類により、いくつかの形態がある。第一が「ホールバンク(whole bank)」つまり、破綻した金融機関全てを取得するものであり、FDICは種々の負債から及び購入した資産価値から、実際に取得した金融機関の価値をひいたもの（差額）に関し、手形を発行（保証）する。(38)この方式はもっとも単純で、かつFDICがもっとも好む形式である。債権回収が、資産を継承した金融機関の負担となるため、FDICの負担が著しく減少するからである。しかし歴史的には、いわゆるクリーンバンクトランスアクション（Clean Bank Transaction）が大きな役割を果たした。クリーンバンクトランスアクションとは、全ての負債を引き受けるが、購入するのは現金、国家保証債券、低リスク融資のような安全な資産のみである。残りの汚い（dirty）資産（問題債権、ハイリスク債券等）は、破産管財人としてのFDICから、法人としてのFDIC（FDIC-corporate）に売却される。この取引の契約上の約因（Consideration）は、法人としてのFDICが取得対象である金融機関を引き受ける際の資産価値と、継続企業及び規制価値（Going-concern and Regulatory value）を合わせた額を超えて引き受けた債務額を塡補する現金である。(39)

ホールバンクとクリーンバンクトランスアクションの間に、取得（引継）金融機関がFDICとの間でプットオプション（Put Option：瑕疵担保特約）を保持するものがあり、当該金融機関は予定期間内ＦＤＩＣに資産を返却する権限を行使しうる。もし資産が当該金融機関にとって、利益をもたらす場合には、その権限は行使しなくても良いし、ＦＤＩＣから返済金（Refund）を受け取っても良い。

(4)　ブリッジバンクまたはニューバンク

近年利用される形態として、ブリッジバンク（Bridge Bank）またはニューバンク（New Bank）がある。ブリッジバンクはＦＤＩＣにより一時的に設立された銀行であり、破綻した金融機関の営業を一定期間引継ぎ、事業継続価値の保護を図るものである。(40) ブリッジバンクはＦＤＩＣにより指名された経営陣により運営され、Ｐ＆Ａにより破綻した金融機関の資産及び負債を取得する。ＦＤＩＣは一定期間内に恒久の譲渡先を探して、消滅する。もしそれが二年以内に見つからない場合には、健全銀行へのＰ＆Ａによる譲渡、株式を非政府組織に売却することによる民営化、または破産の方法による清算により、消滅する。

同様に破綻した金融機関の業務を引き継ぐためにＦＤＩＣはニューバンクを設立することもできる。(41) ＦＤＩＣはその銀行の営業を可能にする十分な資金を拠出する必要がある。その際ＦＤＩＣは破綻した金融機関の株主の出資権を担保するために株式公開（Stock Offering）を行う。この株式公開が失敗した場合には、Ｐ＆Ａを斡旋し、その設立から二年以内に事業を終了しなければならない。(42)

3　破綻処理手法の選択――コストテスト

このように破綻処理にはいくつかの手法があり、状況を見てどの方法が良いか判断される必要がある。(43) しかしその際に必ず考慮されなければならないのが、前述した最小コスト義務である。理論上は容易だが、実際上困難な要求である。更に最小コストテストは明らかに受託者としてのＦＤＩＣの立場に含まれている。受託者としてＦＤＩＣコーポレーションとしての立場から、ＦＤＩＣの管理の下に、被管理者の資産価値を最大化する義務をも最小コスト義務は含んでいる。(44)

ではその最小コスト義務の内容はどのようなものであろうか。ＦＩＲＲＥＡ一八二三条(C)・4・Ｂ項（12 U. S. C. § 1823（c）(4)（B)）は次のようにいう。

(B) 最小コストアプローチの決定。保証された金融機関に対するＦＤＩＣの預金保険基金に対する可能な限り最小のコストにする義務を満たすために、ＦＤＩＣは以下の規定に適合しなければならない。

（i）現在価値分析（Present Value Analysis）：文書が要求される。ＦＤＩＣは、現実的なディスカウントレートを用いながら、現在価値基準で選択肢を算定しなければならない。また公定歩合、資産回復レート（Asset Recovery Cost）、資産維持費用、そして不確定な（contingent）債務への支払いに関する引受も含んだ引受及び算定を立証する義務がある、とされた。

また清算コストに関して、いかなる預金金融機関の清算費用の比較に際して、当該費用はＦＤＩＣが管理を決定した日の保証されている預金高から、ＦＤＩＣが合理的に期待する清算に伴う資産の売却高を引いた額を超えてはならない、とされる。

しかしメーシー教授、及びミラー教授は、このようなコスト算出方法には不備があると指摘する。(45) すなわちこのような算出方法には、エラーコスト（Error Cost）が含まれていないという。エラーコストとは、ＦＤＩＣの資本注入にも拘わらず、最終的に当該金融機関が破綻する可能性である。もしこれが起きたら、ＦＤＩＣの預金者へのペイオフという最終費用は、最初のオープンバンクアシスタンスの費用算出に含まれていないのではないか、と両教授は批判している。つまりオープンバンクアシスタンスがうまく機能しなかった場合の費用まで含めて、検討すべきであるとしている。

しかしこのようなコスト規制も、考慮されない場合があり得る。その例外が、「(金融) システムリスク (Systemic Risk)」である。[46] 財務長官により緊急事態と認定され、その金融機関の破綻が、「経済状態または金融の安定性に極めて反対の効果を持つ場合 (would have serious adverse effects on economic conditions or financial stability)」、FDIC理事会の三分の二の賛成、連邦準備委員会の三分の二の賛成がある場合、財務長官はこのコスト原則にこだわらない処理策を大統領に諮問できる。

このように米国では、「大きすぎてつぶせない」原則の反省に立ち、基本的に「コスト最小原則」にたち、金融機関の破綻処理を遂行することが、一九九一年以来目的とされてきた。思うに、金融機関の破綻処理に用いられる預金保険の資金は、最終的に納税者の負担となる。従ってこの最小コスト原則は、基本的に正しいと評価されるべきである。すると問題は如何にしてコスト最小にするかであり、そのコストの中には、メーシー教授及びミラー教授がいうように、失敗したコストも踏まえて判断されるべきである。しかしシステム全体が危機に陥るほどの破綻処理の場合には、その原則が守られないのはやむを得ない。この際重要視されるべきは、当該金融機関の代替性である。すなわち破綻した金融機関が存在する地域において、住民等が金融サービスを受けるためのシステムが整っているかが重要である。いずれにせよ、この事例に関する事例の集積が求められる。

三　資産整理

次に受託者としての破産管財人の主要な業務の一つである、資産整理（Marshal）に関し、検討していきたい。[47] 具体的には、全ての財産に関して分類し価値を把握することである。その資産には、不動産、金融の契約、リース債権、保険請求権及び潜在的な損害賠償請求権である。破産管財人は、その際基本的に資産を換金し、債権者に返済しなければならない。その際ＦＤＩＣは破産管財人として、資産の現在価値を最大化し、[48] 清算の時点で発生する損失を最小化する義務を負う。[49] 清算過程でＦＤＩＣは概ね通常の破産管財人として活動するが、以下の三点に関し、銀行法特有の問題を生じる。すなわち①取締役及び執行役の責任保険に関する保険請求権の問題、②金融機関内における構成員間の交差信用（Cross-Guarantee）の問題、及び③詐欺的譲渡の回復に適用される銀行のルールである。以下分けて検討していきたい。

1　保険に関する裁判上の諸問題

ＦＤＩＣが破産管財人に指名された時点でもっとも価値のある資産の一つが、法律上の請求権である。[50] その請求権とは、ＦＤＩＣが取得する破綻原因をつくった取締役らに対する請求権が主である。通常被告は、銀行債券（Bankers Bond）または取締役責任保険の保険者である保険会社である。理論上銀行債券は、取締役らの詐欺的及び違法な行為をカバーし、責任保険は過失及び重過失に基づく責任をカバーし、故意または犯罪行為は除かれる。従ってもし取締役が横領した場合、その損失は銀行債券によりカバーされ、取締役らが銀行営業に関しデューデリジェンスに失敗した場合、役員責任保険によりカバーされる。

それに対し、保険会社は巨額の賠償責任を負担させられて、支払い義務を免れるための種々の責任を除外すること（Exclusion）を試みた。それに関し、ＦＤＩＣ対アメリカン損害保険会社の事件[51]を検討する。一九八六年、キューバステートバンクの旧役員に対し、当該銀行の融資政策と実務が、銀行の経営失敗を導いたとして、銀行の株主のギブソンは株主代表訴訟を提起した。その後イリノイ州当局は当該銀行を破産と認定し、閉鎖を命じた。その後ＦＤＩＣが破産管財人に指名され、その資格でＦＤＩＣはギブソンの株主代表訴訟を承継し、事件は連邦裁判所へ移された。その後ＦＤＩＣは被告の中のグローブに対し、欠席裁判のため約一二〇万ドルの請求権を取得した。その後グローブは破産申請をしたため、グローブの保険者であるアメリカン損害保険会社に対し、取締役責任保険の履行を求めた。アメリカン損害保険会社は、規制当局除外条項（Regulatory Exclusion）及び保険者対保険者除外条項（Insured Versus Insured Exclusion）により、保険契約はＦＤＩＣの判決までカバーしていない、と主張した[52]。判決は、その二つの免責条項は、公序良俗（Public Policy）に違反していないとして、保険会社の主張を認めた。この事件で扱われた二つの免責事由は、公序良俗に違反していないとされた。

では銀行債券はどうか。銀行債券は前述のように、銀行取締役らの不誠実または詐欺的な行為から直接生じた損害を担保する。しかしその適用にあたりいくつかの問題点がある。①保険契約期間内に発生した行為で生じた損害が、契約期間終了後に発見された場合は、カバーされない。しかもＦＤＩＣによる破産管財が始まった時点で契約は終了する。②損失が従業員の明白な意図で行われたが、自らの利益を目的にしていなかった場合も、銀行債券でカバーされない。③従業員の直接の詐欺以外から生じた融資による損失もカバーされない。このように法律上の請求権は存在するが、ＦＤＩＣが請求する際には、いくつかの問題点がある。

2　クロスギャランティー

次に銀行持株会社（Bank Holding Company）に関連する、クロスギャランティー（Cross-Guarantee）の問題を検討する。銀行持株会社とは、持株会社の下で、子会社として銀行の発行済み株式の二五%を所有する会社で、他に証券業や保険などを営む会社を傘下に持つものである。(53) 以上我が国でも金融持株会社が認められたので、同様の問題が起きる可能性もあるからである。もし持株会社の子会社の一つである銀行が経営困難になった場合、持株会社自身あるいは他の子会社は責任があるか。(54) 通常の会社法理論によると、親会社も兄弟会社（siblings）も破綻しそうな子会社を救う法的義務はない。実際親会社も救済する能力がない場合が多い。しかし救済することは法的問題を生じせしめるだろうか。もし銀行子会社への救済が、それ以外の会社の株主の最大利益にならない場合、その親会社は受認義務違反の問題を生ぜしめる。一方もしある子会社が破綻した場合、その債権者は当該子会社の資産に対してのみ請求権を有する。親会社は破綻した子会社に対する全ての投資が無効となるが、しかし当該子会社の債権者のために、自分もしくは他の子会社の資産を供する必要はない。これが一般会社法の理論である。

しかしこの一般則には例外がある。債権者は法人格否認の法理（piercing the Corporate Veil）を使い、子会社と親会社は一つの統一体（Entity）であると主張しうる。しかしアメリカの裁判所は会社形態を守ることに勤勉で、一〇〇%子会社であっても子会社が大幅に資本不足（undercapitalized）、もしくは会社形式が遵守されていないなどの極めて異例の事実でしか法人格否認（veil-piercing）は認めていない。更に銀行は非常に規制された業界であり、上述のような条件が揃うことはほとんどなかったからである。破綻した金融機関の債権者が持株会社の資産に訴訟を提起できるのは、統一詐欺譲渡法（the Uniform Fraudulent Conveyance Act）、統一詐欺移転法（the Uniform Fraudulent Transfer Act）、及び破産法の下で、子会社から親会社に対し、詐欺目的物の譲渡に類似した財産の移転があるときのみである。

従って一般的に、会社としてのＦＤＩＣを含む債権者は他の関連会社の資産からはほとんど償還を受けないことになる。しかしＦＲＢは長らく「力の源泉」政策（Sourse of Strength Policy）を主張してきたが、その政策の元で金融持株会社は、預金金融機関である子会社が破綻する危機にあるときは救済する義務があるとする。ＦＲＢはその後この政策を具体的に施行したが、それは控訴裁判所の判決[55]の中でその政策の施行はＦＲＢの権限を越えていると否認された。しかし最高裁では、逆に当該裁判所自体が、そのような判断を下す管轄権（Jurisdiction）はないとして、その問題を未解決のままにした。[56]

またＦＤＩＣは持株会社における健全銀行の資産から、関連会社銀行の破綻に関連した損失を支払わせることを試みた。[57]その主張は、債権に関する精算時の価値しか払われない債権者の中で、通常一〇〇％支払われる債権者を区別しても良いとするものであるが、これも判決の中で否定された、という。しかしＦＩＲＲＥＡのなかで、ＦＤＩＣの先取り特権が認められた規定がある。[58]これによると、ＦＤＩＣの債権は、関連預金金融機関、持株会社の株主や、持株会社の債権者に優先する。しかしそれ以外の債権者、例えば関連金融機関の預金者、担保債権者、一般債権者には、劣後する。更にクロスギャランティールールにかんして、全ての債権者が少なくとも精算時の価値を取得している限りにおいて、債権者の中でＦＤＩＣを優遇する措置を規定している。[59]このように持株会社内における、債権回収の特則がクロスギャランティー：相互保証問題である。

3　無効な優先権と詐欺的な譲渡

先に一つの事例を挙げたい。我が国でも似たような事件があったが、例えばある金融機関が破綻しそうなときに、その金融機関が一部の債権者のみ選択的に債権を弁済したあとで、当該金融機関が破綻した。他の債権者の損失はどうなるか。(60) 破綻する蓋然性が高いときに、国法銀行によるそのような財の移転は、完全に無効（null and void）である。(61) もしそのような移転が生じなかったならば破産財産の一部に加わっていたので、破産管財人は破産財産にその対象財産を戻させることができる。更にＦＤＩＣは破産管財人または財産管理人指名の五年以内に、当該財の移転目的が、隠匿（hinder）、引き延ばし（delay）、強奪（defraud）である場合は、金融機関の関係者、債務者らによる移転行為を無効とすることができる。(62) 更に金融機関の関係者と見なされる個人が配偶者や子供などに行った移転行為に関しても、ＦＤＩＣは破産管財人としてその取引を取消、資金を取り戻すことができる。またＦＩＲＲＥＡのもとで、ＦＤＩＣは破綻した金融機関がつけたあまりにも高すぎる有価証券の利子を取り消すことができる。(63) 更にＦＤＩＣは、破綻を意図した移転を避けるために、伝統的な破産管財人または財産管理人としての権限を持つ。

またＦＤＩＣが請求している債務者が破産手続の途中であった場合どうなるか。(64) この問題解決のためには連邦預金金融機関破産管財法と連邦破産法の考察も必要である。破産請求の申請は、債務者に関連する裁判の停止（stay）を意味する。(65) この場合ＦＤＩＣは、債務者に対して請求の強制執行を求めたとき、この停止は解除されるのか。ＦＩＲＲＥＡによると、どの裁判所もＦＤＩＣの破産管財人としての権限を抑止することはできないとする。(66) 問題は果たしてＦＤＩＣのみが他の債権者より優先権を持つのかどうかである。ミラー教授は、以下のように解釈すれば、矛盾しないのではないかという。すなわち、破産の停止は法の効果により自動的に起きるから、ＦＩＲＲＥＡの差し止めの解除命令（Antiinjunction）に違反しないという。つまり二つの法は矛盾するわけではなく、最初に破産法により裁判の停止がおき、その後ＦＩＲＲＥＡの効力が生じるから、ＦＩＲＲＥＡが優先するという。しかしもし破産管財人が停止を無視した場合、制定法上の衝突は避けられないことになる。なぜなら破産の管財人（Bankruptcy Trustee）は、償還請求権はなく、ＦＤＩＣの手続に参加することを試みることができるからである。

他の問題として、銀行の債権者がＦＤＩＣに対して請求する場合に、訴える前に審査請求をすべきかという問題を決する手続がある。(67) 破綻金融機関の債務者が自ら破産手続中で、破産管財人や財産管理人の権利と相殺を主張した場合、預金金融機関の破産管財人による当該相殺請求は破産管財の解消請求である。当該債務者が預金金融機関の破産手続中に救済を申し立てることは、破産手続に介入することである。しかしこれらの問題は未だ裁判所で決しておらず、その解明はまだ時間が掛かる。このように金融機関の破綻手続は、連邦破産法の適用除外となっているが、しかしいくつかの問題点は依然として残ったままである。

四　債権者に対する配当

前述のように一度破綻した金融機関の資産が整理されると、次は如何にしてそれらが債権者に配当されるかが問題となる。そこでここでは、①制定法による請求手続、②請求の可否、そして③請求間の優先順位の決定について検討していく。

1　制定法による請求手続

預金金融機関の破産手続において、ＦＤＩＣまたはＲＴＣが行う手続は、ＦＩＲＲＥＡに規定している。[68] まず最初の手続は、どのような請求が存在しているか確定することである。その上で、破産管財人は、債権者に破産手続を通知し、彼らの債権を提出させる。

次の手順は、どの請求が有効か決めることである。この手続は近年争われている。コイ・インデペンデントＪＶ対ＦＳＬＩＣ事件[69]において、破綻したＳ＆Ｌの債権者は、行政の任意もしくは予知不可裁量基準（arbitrary or capricious Standard）にたいし、自らの異議申立権があるか否かについて、最高裁は「ＦＳＬＩＣの破産管財権にたいし、債権者は新しい裁判上の裁定権（de novo Judicial Adjudication）を有するとした。この判決は制定法の分析が中心だが、しかし実際は行政機関に連邦裁判所のアーティクルⅢの中心事務をする権限を与えるか否かという憲法上の論点に大きく影響されていた。オコナー判事が述べたのは、当該制定法はそのような深刻な憲法上の問題点を避けうるし、避けなければならない、ということである。結局本件では、請求者はＦＳＬＩＣという行政機関の措置をまつ必要なく、新しい裁判上の再調査を請求しうる、とした。

数ヶ月後この判決を受けて、議会はＦＩＲＲＥＡにおいて、新しい請求手続を採用した。[70] すなわちＦＤＩＣらに対して訴訟が提起される前に、最初の決定を受け[71]、破産管財人に対し時宜を得た請求をし[72]、裁判所に対し、破産管財人や財産管理人としてのＦＤＩＣの権限行使を制限することが禁止された。[73]

また裁判所は、破産管財人の請求により九〇日間、財産管理人の請求により四五日間、破綻した金融機関が当事者となるような訴訟を保留しなければならない。もし保留が認められた場合には、訴訟当事者は自らの主張を行政手続きの中で表明（present）しなければならない。(74)請求手続の第二段階として議会が制定したのは、破産管財人は一八〇日以内に債権者等からの請求を承認するか拒否するか決めなければならない。(75)このような最終期限がなかったために、コイ・インデペンデントＪＶ対ＦＳＬＩＣ事件では、行政救済が認められなかったのである。

一旦この最初の決定がなされた際に、行政上または裁判上の審査手続が関係してくる。最初の決定に不服な請求者は行政に再審査請求することもできるし、破産管財人は記録に対する公式の聴聞を行うこともできる。選択的に破産管財人及び請求者は、例えば仲裁などの非公式の紛争解決処理手段を利用することもできる。

最初の決定に不服な請求者は、再審査請求をせず、預金金融機関があった地域の連邦地裁に裁判をすることもできる。(76)裁判所はコイ・インデペンデントＪＶ対ＦＳＬＩＣ事件の判例法に従い、行政の決定をはじめから検査することができる。(77)しかしＦＩＲＲＥＡは、破産管財人は、自らを満足させない債権者の請求等を棄却でき、その判断は裁判所により審査されない(78)、とした。

ＦＩＲＲＥＡのもとでは、破産管財人の請求棄却に対する請求の管轄権は、たとえ州法から当該請求が生じたとしても、全て連邦裁判所である。もし州裁判所でそのような裁判が提起された場合には、ＦＤＩＣはその管轄を連邦裁判所へ移すことを請求できる。(79)以上見てきたように、債権者の訴えに関しては、主に制定法により細かく規定されている。その特徴は、金融破綻を迅速に処理するために、期間制限が厳しいのが特徴的である。それと並んで、行政の権限が非常に強く、いいかえると債権者等による請求及び司法審査は、かなり制限されている。学者などからは、これに関し、疑問が提示されている。(80)

では手続の前提として、どのような基準で請求が認められるか検討する。基本的に金融機関の破産に関連する請求手続は、通常の破産処理と同様に判断される。つまりもし請求者が破産管財人に対し、理由ある請求をすれば、その請求は当然認められるが、しかし請求が何らかの理由で無効となれば、否定される。しかしいくつかの特則がある。

第一に伝統的な銀行法によると、破産管財人に対し、立証可能な請求は、破産時に整理（fixed）されなければない。もし破産時に従前の請求が整理されない場合、従前の銀行理論に従い、全て整理される。

第二に、もっとも重要な例外は、請求が破産手続の枠内で決定されるべきというルールが破産財団におけるＦＤＩＣの権利を減じまたは無効にする傾向がある合意の強制力を否定するルールとなることである。なぜならそのルールは破産手続に反する請求の解散に関連するだけでなく、破産財団により保有される請求に対する第三者の抗弁の有効性にも関連するからである。つまりこの権利はＦＤＩＣまたはその譲受人が、預金金融機関のファイルに含まれていない、サイドアグリーメント（脇の合意）に基づいた請求または抗弁から逃れる権利である。(81) これに関しては改めて述べる。

第三に、実際的な理由として、もし破産管財人が破産財団の資産が明白に債権を満足させるのに不十分な場合、請求の可否を決めることは意味のある議論ではないことである。しかも銀行破産の場合政府は預金者の預金の払い戻しを優先して取り扱うので、裁判所は通常、破産財団の不動産からの償還を得る希望はないというＦＤＩＣの主張に十分配慮してきたからである。そして最後に、もし請求権が適切に配当時に提示されない場合には、請求者は権利を失う。(82) 銀行法における伝統的なルールは、配当においてＦＤＩＣが証明された債権者に配当を支払い、証明されていない債権者に割合に応じた配当を支払わなかったとしても、責任はないという。

2 請求の優先順位

存在が確認された債権は、相対的な優先順位をつけられなければならない。[83] 銀行破綻における一つの理論的な清算手続の目標は、株主に対する債権者の優越である。株主が残余財産の分配を受ける前に、債権者は破綻した金融機関の財産から完全に弁済を受けなければならない。この絶対的な優先権の裏には、株主は利益や残余財産に対する残余財産請求権を有する代わりに、破綻に際して最後まで救済されないというリスクを負う。債権者はどんなに利益を上げても約定の利息以上の支払いは受けられないが破綻時に株主に優先することが保証されている。

更に株式に対する社債の優先権に関して、もし銀行が劣後債を発行していた場合、劣後債権者は他の債権者のあとで支払いを受けるし、逆に担保付き債権者は他の債権者に優先して弁済を受ける。

また州法や連邦法によるさらなる先取り特権の創設が認められる。一九九三年議会は、連邦預金保険法を改正し、預金債権に対し、一般及び劣後債権者より優先する権利を与えない州でも、そのような取扱をするようにした。[84] この優先ルールには別の面がある。つまり金融機関への資本の供給者のなかでの優先順位は、銀行破綻手続の中でも維持されなければならないという、優先ルールは、逆に平等の取扱または比率に応じた配分という側面を持つ。つまり同じ順位の債権者は同じく扱われなければならない、ということである。[85] しかしこの原則は、理論上は明白だが、実行が難しい。預金金融機関が破綻すると、全ての債権がP&Aにより救われるわけではないので、債権が引き受けられない債権者は、他の債権者よりも自分の債権を優先しようと全力を尽くす。そのためにいろいろな戦術が採られてきたが、いくつかは成功している。以下で検討したい。

建設的信託（Constructive Trust）に関して、ダウンリバーコミュニティー連邦信用組合（以下ダウンリバー信組という）対ペンスクウェア銀行（ＰＳＢと略記する：後にＦＤＩＣ）[86]の事件で、検討された。すなわち破綻したペンスクウェア銀行の債権者であったダウンリバー信組は、破産管財人となったＦＤＩＣにたいし、自らの預金債権の優先性を求めたものである。地裁の認定によると、ＰＳＢは詐欺的に財政状態をよく見せること原告が預金することを誘引した。救済手段としては、地裁は原告預金者に有利なＰＳＢの資産に建設的信託を制定させることを求めた。その結果国法銀行法（National Bank Act）一九四条に反して、当該預金者に預金の全額回収権を与えた。

これに対してターチャ（Tacha）控訴審判事は、このような預金者の権利は、破産管財人による比例した資産配分へと制限されるとして、原審を覆した。控訴審で原告が主張したのは、ＰＳＢの本件預金集めは、詐欺であるから、連邦コモンローにより[87]、破綻後の詐欺による預金は預金者により回収（reclaim）されるべきである。しかし判決は、債権者の中で、勤勉さの度合い（Race of Deligence）に基づきそのような優先を認めることは、国法銀行法により約束された「平等」を単なるまやかし（Mockery）にしてしまう。従って地裁による原告のための、ＰＳＢの資産の中に建設的トラストをつくるという命令は、破棄されなければならない。

学説はこの判決に対して概ね好意的であるが、もしＦＤＩＣがＰＳＢをＰ＆Ａで救済していた場合には、どうなっていただろうか、という疑問が出された[88]。もしある債権だけが引き受けられなかった場合、その債権者は救済を受けることができるか。しかし一部の預金者または債権者のみ優先的に払い戻すことは、国法銀行法一九四条に違反し、それはP&Aでも同じにすべきである。FIRREAにより修正された現行法も、そのように規定する。(89)

3　私的訴訟

銀行が破綻すると、株主は通常保護されないが、その状況に危機感を抱いた株主及びその代理人は、何とか自分たちの株式を債権者の請求権類似の権利に転換しようとしている。(90) 通常考えられるのは、破綻に責任がある当事者を訴えることである。株主が訴えることにより、本来は債権者に配当されるべき資産に、手を掛けることが可能となる。実際上の効果は残余財産分配権以上の優先権を株主に与えることである。しかしFDICははっきりと私的訴訟（Private Litigation）の応用により、株主に優先権を与えることに抵抗している。

株主に優先権を与える訴訟に関し、二つの論点がある。第一はその訴訟自体が適切に提起されたものかどうか、第二に相殺に関する問題である。第一点に関して、FDICはその訴訟を直接訴訟ではなく派生訴訟であるとしている。もしそうなら、賠償金は破産財団に属することになり、株主個人のものとはならない。破産財団に属するということは、債権者に配当されることになる。そこから生じる問題として、もし当該訴訟が派生訴訟ならば、訴訟は基本的に破産管財人により遂行される必要があるので、FDICは原告の代理人を脇に置く（elbow）ことができる。

その点に関し、リーチ対FDIC事件(91)を検討する。原告は破綻したセミノールステート銀行の少数派株主、被告は破綻銀行の従前の取締役及び執行役であり、ＦＤＩＣと債権者であるＭ銀行が当事者である。原告は、自ら保有する株式の価値がなくなったのは、被告取締役らの経営ミスによる、と主張した。しかし裁判所は以下のような事実の状況では、少数派株主は個人として訴訟を提起することはできないと判示した。その事実は、原告は破綻した銀行の三三〇〇株の株主であり、原告は本件訴訟を一九八六年三月に提起しているが、それは通貨監督官が破綻を宣言し、ＦＤＩＣが破産管財人に指名されてから二年経過後であること、更に原告は本件訴訟を提起する前に、破産管財人たるＦＤＩＣに本件被告取締役らに訴えを起こすよう請求していなかったことなどである。裁判所は結論として、「企業の不正処理」を訴える少数派株主は、国法銀行法九三条(a)項[92]に基づく訴えの利益（standing to sue）は、以下の二つの例外を除いてない、とした。それは①株主が会社に訴えの提起を請求したが、会社が拒否した場合、②不正を働いた取締役または執行役が、会社を食い物にし（capture）、いかなる訴えの請求も無意味になる場合である。本件はこの例外に当たらないため、地裁判決は確定し、原告の訴えは棄却する、とした。[93]結果として株主からの訴訟は派生訴訟となり、賠償金は破産財団に属することになる。

次に株主の優先権に関する第二の問題である銀行破綻における「相殺（Set Off）」権を検討したい。その問題を理解するために以下の事例を検討する。[94]事例①Ａ銀行及びＢ銀行は、代理店（Correspondent）関係にあり、Ｂ銀行はＡ銀行の口座に一〇万ドル預金し、Ａ銀行は一〇万ドルをＢ銀行に貸した。その後Ｂ銀行は破綻し、破産管財人の管理の元にある。Ａ銀行の償還（recourse）は何か。事例②Ａ銀行は五〇万ドルを（銀行でない）借り主Ｂに貸した。ＢはＡ銀行の当座預金口座に相殺用残高として、五〇万ドルの残高がある。今Ａ銀行が破綻し、ＦＤＩＣがペイオフにより保証されていた一〇万ドルを払い戻し、残りの四〇万ドルを含む預金に関して破産財団に請求権を取得した。Bは何を償還されるか。

平均的な破産処理原則を適用すると、両事例において破綻銀行に対する請求権を持つ当事者は破産請求における他の債権者と同じ割合を配当されなければならない。第①の事例において、A銀行はB銀行の一〇万ドルの預金を要求に応じて、破産管財人に払い戻し、B銀行に対する一〇万ドルの債権に関して一般債権者の地位を失う。第二の事例においては、債務者Bは債務額五〇万ドル全額破産管財人に対し責任を負うが、その債権である四〇万ドルは保証されない預金として他の債権者と同様の権利しか有さない。

しかし更に検討すると、事例①では、A銀行は自行にあるB銀行の預金を自分のB銀行に対する預金と相殺することが出来、A銀行はそれを単独ですることができる。事例②では、債務者Bは自己の預金のうち返済されなかった四〇万ドルを自らの債務五〇万ドルと相殺し、残りの一〇万ドルのBの債務はA銀行の破産管財人が有することになる。

4 未履行契約

金融機関が破綻すると、当該金融機関は常に進行中である多数の契約関係の中におかれ、その契約関係の中では、契約関係に基づいて必要とされる約因が将来の一定の時期において与えられなければならない。(95) 破産した金融機関の債務は明らかに破産財団の債務となり、一方で他の当事者の債務が財団の資産となる。しかし通常はこのような資産と負債を分けることは、双方が単一の契約に基づいているため、困難である。問題は破産管財人が、その契約を全体として受け入れるか、もしくは否定するかである。明らかに優先順位を保つために必要なのは、破産管財人が耐え難い（burdensome）未履行契約を否定する権限を持つか、つまり

ＦＤＩＣまたはＲＴＣが破産管財人または財産管理人として、以下のような合理的期間内にであれば、未履行の債権を否定する権限を持つことになる。その期間とは、ＦＤＩＣらが契約の履行が困難であり、その拒絶が通常のそれらの機関の事務進行を促進させる期間である。[96] 当該拒絶権の行使による損害は、直接損害に限られ、懲罰的損害を含まない。

制定法は、未履行契約に関し特別の規定をおいている。つまり、賃貸借の事例において、破綻した機関が賃借人である場合、制定法は損害に関して極めて厳しい制限をしている。[97] また未履行契約が先物契約、買い戻し、スワップのような「金融に適合した高度な契約（qualified financial Contract）」の場合、[98] これらの契約は通常短期金融市場の商品であり、別個の考察が必要である。特にどのようなリスクが生じるかに関しては極めて慎重に処理されなければならない。

五　サイドアグリーメントルール

米国において、ＦＤＩＣは伝統的に破産管財人として強権を発動してきた。その強権とは、破産財団においてＦＤＩＣの破産管財人としての権利に反するような影響を与えるような、表面上は有効で完全に見えるサイドアグリーメント（第三者合意）を無効にする権利である。[99] この強権をサイドアグリーメントルールと呼ぶが、このルールは破産管財人（ＦＤＩＣ）に対する直接または反訴の請求だけでなく、破産管財人の請求に対する抗弁（Defense）としても使われる。従ってこのルールは、ＦＤＩＣにとって、武器にもなれば、盾にもなる。[100] 以下で、サイドアグリーメントの法的根拠と適用のための要素に関して分けて検討する。

1　サイドアグリーメントルールの法的根拠

このような我が国にはないサイドアグリーメントルールが存在する法的理由に関しては、①デュンチ・デューメ判決理論、②一八二三条(e)項、及び③フェデラル・ホルダー・イン・デュー・コース理論(Federal holder in due course doctrine)が存在する。そこでそれらの理由を各々検討し、それぞれの関連性を検討していきたい。

デュンチデューメ対ＦＤＩＣ判決[101]は、原告が発行した五〇〇〇ドルの要求払いでありイリノイ州のベルヴィル信託銀行に支払い予定の債券に関し、同銀行が破綻したため、ＦＤＩＣが引受、本件債券も取得して、破産財団の一部とした。原告はミズーリ州で破綻した銀行に債券を売り、それが不渡りとなった。その債券のレシートにはＦＤＩＣの知らない不利な情報が記載されていた。裁判所は、債務者は破産管財人としてのＦＤＩＣに対し、関連する法律文書の中に言葉として反映されていないサイドアグリーメントに基づいた抗弁を主張することは、エストッペル（禁反言）の原則に反するとした。

この判決は連邦コモンローとして機能したが[102]、内容が不十分であったため、立法により補充された[103]。これによると、破産財団の資産に関してＦＤＩＣに反する合意は、以下の例外を除き無効である。すなわち①その合意が書面であり、②その合意がＦＤＩＣと利害が対立する主張をしている当事者の間で結ばれたものであり、その当事者にはＦＤＩＣが資産を取得した時点で債務者であったものも含まれ、③その合意がＦＤＩＣの理事会もしくは融資委員会の承認があり、更にその承認が適切な議事録に反映されており、④更にその合意が成立した時点から、ＦＤＩＣの公式書類として残っていること、の全ての条件を満たした場合のみ、サイドアグリーメントの対象にならない。

このサイドアグリーメントルールの効力及び対象は非常に大きかったので、次に挙げるようなありふれた[104]債務者からの抗弁や反訴（Counterclaim）は効力が失われた。つまり破綻した金融機関との合意のうち、①破綻した金融機関と直接契約していない、②相当する先例違反、③信認義務違反、④共同謀議、⑤デュー・プロセスに反したり、保証されない個人財産の摂取など憲法上疑義がある、⑥疑義のある（deceptive）取引慣行、⑦約因がない、⑧詐欺、もしくは詐欺的な誘因、⑨不動産控除（homestead Exemption）により誘引した取引、⑩損害の軽減、⑪債務者が弁済したあとで変造された債務証書、⑫相互の過失、⑬支払いを確約する債務証書がない、⑭担保法違反、⑮相殺、⑯抱き合わせの債務整理計画（tying Arrangement）、⑰不都合な影響、強要、強制、及び⑱不当な価値の増加（unjust Enrichment）等による抗弁または反訴は否定されてきた。しかしコモンローとしてのデュンチデューメ対FDIC判決は、「いかなる計画または合意」となっているが、一八二三条(e)項は「合意」のみが対象であり、解釈論上、①保険契約、②履行されるべき賠償契約（executive Compensation Plan）、③融資参加合意、④融資及び放棄引受合意等に対象が拡大されてきた。

しかしその二つだけでは十分ではなかったので、裁判所によりFDICとRTCが、破綻した金融機関からの資産の移転が通常の営業方法でないにも拘わらず、「正当な過程での所有者（Holder in Due Course）」の地位を享受すると判示した[105]。本件は担保付約束手形（promissory and collateral Mortgage Note）の発行と抗弁に関する事件であったが、「正当な過程での所有者理論」は、譲渡性債券の正当な所持人を、その振出人が元々扱っていた当事者に対して有しただろうある抗弁から守ることである（人的抗弁の切断）。正当な過程での所有者は、その債券の振出人その他に対し、いかなる請求及び以下の五点を除く所持人が扱っていない抗弁から逃れることができる。[106] つまり①程度に応じた未成年の行為能力、②強迫、無能力、取引の違法性、③当事者に正確な情報を伝えないで、またはその性質や言葉に関する知識を得る合理的な機会も与えないで、当事者に署名させたこと、④約因がなかったこと、保証の失敗、⑤詐欺である。

続いてこの三つの理論がどのように総合的に理解されているか検討する。一八二三条(e)項は、デュンチデューメ対FDIC判決を単に成文化したものであるという意見があるが、もしこれに従うとデュンチデューメ対FDIC判決が連邦コモンローとしてFDICにもたらした可能な防御を狭めてしまうだろう。従ってミラー教授によると、デュンチデューメ対FDIC判決、一八二三条(e)項及び正当な過程における所持人理論は、多くの判決がそう扱っているように、サイドアグリーメントルールに関する統一した一つの法理論として扱うべきである、とする。公的資金を導入し、しかも時間が経つごとにその資産価値が下がる不良債権処理・破綻処理において、早期解決は至上命題であるので、FDICのサイドアグリーメントルールに関する権能は限定されるべきでない。

2　サイドアグリーメントルールの適用

FIRREAにより修正された一八二三条(e)項により、FDICはサイドアグリーメントルールの恩恵を、預金保険者と同時に破綻金融機関の破産管財人として、受ける権限を与えられた。[107] 裁判所はまたこの理論をFSLICやRTCなど受託者になる可能性がある他の機関にも適用することを認めた。しかし他の状況はよく知られてはいない。例えば、もしある金融機関がオープンバンクアシスタンスにより救済された場合に、その際に預金保険機関からFDICに融資や資本注入の担保として、資産の移転が行われたとき、サイドアグリーメントルールがそのようにして取得した資産に関して、ＦＤＩＣにとって役立つことは明らかである。ＦＤＩＣの手を通さないで移転した資産や未だ当該預金保険機関の手にある資産は、保護されない。その点でこのサイドアグリーメントルールの適用領域は不明確である。

また一八二一条(m)項にいう新しい銀行（ブリッジバンクまたはニューバンク）に関し、ブリッジバンクにはこのルールが適用されるが、ニューバンクには適用されない。ＦＤＩＣが財産管理人として、ブリッジバンクまたはニューバンクのかたちで運営している場合に、生じる抗弁や反訴の問題はどう考えたらよいか。たとえサイドアグリーメントルールが財産管理、ブリッジバンクまたはニューバンクの設立以前に生じた抗弁や反訴を切り離したとしても、連邦財産管理システムで営業している間に生じたこれら機関の請求や抗弁には、このルールは適用されない。他方、サイドアグリーメントルールを貫く政策がその適用を正当化することも議論されるべきである。また考えられるべきことは、サイドアグリーメントルールが財産管理、ブリッジバンクまたはニューバンクの設立後に生じた抗弁や反訴を除外するのは、もしＦＤＩＣが結果として当該機関を破産させたうえ管財人により管理させ、その結果ＦＤＩＣのコーポレート部門に資産を移したり、またＰ＆Ａにより第三者機関に移す等した場合である。おそらくこれらの問題は、裁判所により決せられるべき問題である。

そこで、理解を深めるために、「合意」に必要な要件を次に検討したい。ラングレー対ＦＤＩＣ事件[108]では、原告は不動産を購入するために銀行から債券を発行し、他の担保と引き替えに資金を借りた。その債券に関するＦＤＩＣの提訴に関し、原告は銀行は詐欺的に不動産及び関連する鉱業的資産の形状を不正確に伝えたことを抗弁した。最高裁は、この勧誘時における詐欺という抗弁は、以下のように述べてサイドアグリーメントルールにより切断されるとした。すなわち「契約法上の問題としての分析によると、当該債券に関する原告の抗弁の本質は、破綻した銀行がその土地に関するある種の権利書（Warranties）をつくったことであり、融資を再び返済する義務を履行しなければならない条件としての誠実さ（Truthfulness）である。ここで事件を検討すると、ラングレー事件では、被告はおそらく銀行の詐欺による善意の被害者だったのに対し、デューメ事件では、被告は詐欺に対し、ＦＤＩＣへ資産に関して正確に伝えられなかった情報に基づき秘密の合意があった点で異なる。[109]またラングレー事件でＦＤＩＣは、ラングレー事件の法理を破産管財人になった時点で知っていた点も異なる。

商法及び契約法でも使われているように、「合意」という言葉は、約束より広い意味を持つ。明らかに当事者の交渉は、その当事者の履行、つまり契約法の二つの重要な原則のうちの一つであるが、「その履行に基づく条件を無視し得ない」として、ＦＤＩＣのサイドアグリーメントルールの適用の主張を認めた。[110]

サイドアグリーメントルールにおいて「合意」の定義、及びその必要性が判例により議論されたが、逆に問題となっているサイドアグリーメントルールにより抗弁され、制限される権限にはどのようなものがあるだろうか。この問題を考えるためにいくつかの具体例を考えていく必要がある。[111]

①債券の振出人の主張によると、その債券の受取人のである銀行は当該債券を詐欺により不正入手し、振出人はその後その支払い義務を無効にするため銀行に対し、訴えを提起した。一方でその銀行は訴訟の途中で、ＦＤＩＣにより破産の開始が宣言され、ＦＤＩＣはサイドアグリーメントルールによる抗弁を主張した。前述のラングレー対ＦＤＩＣ事件の法理によると、完全にＦＤＩＣが有利となる。

②貯蓄預金機関がある利益配当融資の持分を買った。その後その貯蓄預金機関は最初の融資機関を、情

報を正しく伝達しない（Misrepresentaion）という理由で訴え、契約（合意）無効判決を得た。その事件が控訴されている間に最初の融資機関が破産して、破産管財人（ＦＤＩＣ）が利益配当合意を訴えた。しかし破産管財人はこの事例では何も取得しない。なぜなら第一審が利益配当合意を無効としているからである。

③顧客Ａがある銀行から譲渡性預金証書を取得した。その後Ａは顧客Ｂにこの預金証書を譲渡し、その旨銀行に通知した。一方当該銀行は破綻し、ＦＤＩＣは譲渡性預金証書に関する債務と顧客Ａが銀行に対し負っている債務を相殺した。銀行の主張は、手続に対する顧客Ｂの主張をサイドアグリーメントルールにより抗弁することができる、としたが、これには適用されない。サイドアグリーメントルールは、債務でなく、破綻銀行の資産のみに適用されるからである。

このように本節では、米国における金融機関の破綻処理に関して、破産管財人が処理を進める際に問題となる資産整理に関連して、破綻の際に資産を減らさないために、サイドアグリーメントルールが定立されて来た過程を見てきた。これは我が国の不良債権処理に関しても有効な手段であり、投入した公的資金を最大限保護するためにも必要なことである。

六　小　結――早期介入の必要性と資産保護

我が国では銀行が破綻した際、処理スキーム自体は、整備されたが、破綻処理に関して実際の運用は未だ試行錯誤の段階にある。米国法にいうように、受託者が指名されてから、資産整理、債権者への配当というように時間を経た後の手続の確立が急務である。

その際重要なのは、銀行破綻に際して「大きくてつぶせない」という特則がほとんど失敗におわり、改正された事実である。我が国では旧長期信用銀行がこの原則により、公的資金を用いて国有化された後、譲渡されたが、「上位二〇行」という原則が果たして妥当であったのか、アメリカの事例を参考にしながら、検討されるべきである。この点米国では、日本が採用した「大きすぎて潰せない」という原則は、既に放棄されている。破綻処理コストが大きくかさむことと、経営者のモラルハザードがその理由である。しかし、周知のようにわが国では旧長期信用銀行が破綻した際に巨額の公的資金が使われ、しかもそのルールは明確でない。

また時間が経てば経つほど、資産は劣化し、回復が難しくなる。金融の破綻処理に関して、早期措置こそ、コストを最小化し、システムリスクを極小化するために必要な大原則である。誰が銀行を閉鎖し、どういう基準で行い、その理由を明確化することが必要である。

その際に一般民事法ではなく、なぜ特則が用いられるのか。銀行は株式会社であるので、基本的に商法の適用を受ける。しかし本文でも述べたように、銀行には、大衆の預金を保管し、資金移動のシステムを管理し、企業及び個人に資金を供与するという役割がある。その役割があるからこそ、このような特別法の適用があるのである。従って、預金者のペイオフに際しては、特別の配慮が必要であり、資産整理にも、公的資金を使っているため、特別の権利（サイドアグリーメントルール）が認められているのである。このように金融機関の破綻処理には、一般企業の破綻とは別の考慮が必要であるが、なぜ特別の配慮が必要か、我が国の議論にはこの視点が欠けているように見える。

（1）Olson, G. N., *Government Intervention : the Inadequacy of Bank Insolvency Resoltion-Lessons from the American Experience*, R. Lastra and H. Schffman (ed) Bank Failures and bank Insolvency Law in

Economies in Transition, 1999, Boston, p. 118.

（2） Cf. *ibid.*, p. 119-120.

（3） FSLICは後述する金融機関改革復興執行法（Financial Institutions Reform, Recovery and Enforcement Act of 1989：FIRREA）により廃止されるまで、S&Lsの預金保険機構であった。

（4） 吉井・前掲書、二四頁以下参照。

（5） Cf. Olson, *op. cit.*, p. 153.

（6） Bernard Reams, *A Legislative History of the Finabcial Institutions Reform, Recovery and Enforcement Act of 1989：Public Law 101-73, 101st Congress and Related Acts Vol. 1* (New York, 1998) p. 1. ff.

（7） Cf. *ibid.*, p. 2-3.

（8） 金融機関の取締役の注意義務に関して、拙稿「銀行取締役の注意義務基準」企業会計（二〇〇二年四月号）一一二頁以下参照。

（9） 吉井・前掲書、二六頁参照。

（10） Cf. 12 USCS § 1823 (c) (4)

（11） Cf. 12 USCS § 1823 (c) (4) (G)

（12） Cf. Jonathan. Macey, Geoffrey, Miller, *Banking Law and Regulation* (New York) p. 629.

（13） 12 U. S. C. §§ 1811-1832.

（14） Cf. Olson, *op. cit.*, p. 110. また吉井・前掲書二一頁参照。

（15） Cf. Macey, Miller, *op. cit.*, p. 608.

（16） Cf. *ibid.*, p. 609.

（17） 12 U. S. C. §§ 191, 203.

（18） 12 U. S. C. § 1821 (c) (9)

(19) 12 U. S. C. § 1821 (c) (10)
(20) 12 U. S. C. § 1821 (c) (5) (J)
(21) Cf. Macey, Miller, *op. cit.*, p. 610.
(22) 12 U. S. C. § 1821 (c) (5)
(23) Cf. 12 U. S. C. § 191, 203 (a) (national banks), 12 U. S. C. § 1464 (d) (2) (B) (saving institution)
(24) Cf. Macey, Miller, *op. cit.*, p. 611ff.
(25) 12 U. S. C. § 203 (b) (1)
(26) Cf. 12 U. S. C. § 1464 (d) (2) (B)
(27) Cf. Franklin Sav. Ass'n v. Director, Office of Thrift Supervision, 934 F. 2d 1127 1991 U. S. App. LEXIS 10722
(28) 742 F. Supp. 1089 (D. Kan. 1990)
(29) Cf. Macey, Miller, *op. cit.*, p. 618ff.
(30) Cf. 12 U. S. C. § 1823 (c) (8) 同項には、「破産管財人または財産管理人の氏名の前の救済」と規定されている。
(31) Cf. 12 U. S. C. § 1823 (c) (8)
(32) Cf. Olson, *op. cit.*, p. 152. ff.
(33) Cf. Macey, Miller, *op. cit.*, p. 622.
(34) The President's Working Group on Financial Markets *Hedge Funds, Leverage, and the lesons of Long-term Capital Management* (1999) 10p. ff. による。
(35) Cf. *ibid.*, p. 623ff.
(36) Cf. Olson, *op. cit.*, p. 145. ff.

(37) Cf. FDIC v. BANK OF BOULDER, 911 F. 2d 1466, 1475 (10th Cir 1990 U. S. App). LEXIS 14498
(38) Cf. Macey, Miller, *op. cit.*, p. 625.
(39) Cf. 12 U. S. C. §1843 (c) (2) (A),. 12 U. S. C. §1823 (d)
(40) Cf. Macey, Miller, *op. cit.*, p. 627. ff.
(41) Cf. 12 U. S. C. §1821 (m)
(42) Cf. 12 U. S. C. §1843 (m) (15)
(43) Cf. 12 U. S. C. §1823 (c) (4)
(44) Cf. Macey, Miller, *op. cit.*, p. 628. ff.
(45) Cf. Jonathan. Macey, Geoffrey, Miller. '*Bank Failure, Risk Monitoring, and Market for Bank Control*' 88 Colum. L. Rev. 1153, 1177–1178 (1988).
(46) Cf. 12 U. S. C. §1823 (c) (4) (G)
(47) Cf. Macey, Miller, *Banking Law and Regulation* p. 631ff.
(48) Cf. 12 U. S. C. §1821 (d) (3)
(49) Cf. 12 U. S. C. §1821 (d) (13)
(50) Cf. Macey, Miller, *Banking Law and Regulation* p. 632ff.
(51) FDIC v. American Casualty Co., 998 F. 2d 404, 405ff 1993 U. S. App. LEXIS 15016
(52) Cf. *ibid.*, p. 407–408.
(53) Heller, Paulin., and Fein, Melanie. ed, *Federal Bank Holding Law* (2001, New York) Law Journal Press, p. 2-4ff.
(54) Cf. Macey, Miller, *Banking Law and Regulation* p. 637ff.
(55) Cf. MCorp Financial. Inc. v. Board of Governors Federal Reserve System, 900 F. 2d 852 1990 U. S. App.

LEXIS 7749

(56) Cf. Board of Governors of the Fed. Reserve Sys. v. MCorp Fin., 502 U. S. 32 1991 U. S. LEXIS 7057

(57) Cf. Macey, Miller, *Banking Law and Regulation* p. 638.

(58) Cf. 12 U. S. C. § 1815 (e)

(59) Cf. 12 U. S. C. § 1821 (i)

(60) Cf. Macey, Miller, *Banking Law and Regulation* p. 639.

(61) Cf. 12 U. S. C. § 91.

(62) Cf. 12 U. S. C. § 1821 (d) (17)

(63) Cf. 12 U. S. C. § 1821 (e) (11)

(64) Cf. Macey, Miller, *Banking Law and Regulation* p. 641.

(65) Cf. 11 U. S. C. § 362

(66) Cf. 12 U. S. C. § 1821 (J)

(67) Cf. 12 U. S. C. § 1823 (d)

(68) Cf. 12 U. S. C. § 1821 (d)

(69) Coit Indepedence Joint Venture v. Federal Sav. & Loan Ins. Corp., 489 U. S. 561 1989 U. S. LEXIS 1571

(70) Cf. Macey, Miller, *Banking Law and Regulation* p. 643.

(71) Cf. 12 U. S. C. § 1821 (d) (6) (A)

(72) Cf. 12 U. S. C. § 1821 (d) (5) (c)

(73) Cf. 12 U. S. C. § 1821 (j)

(74) Cf. 12 U. S. C. § 1821 (d) (5) (ii)

(75) Cf. 12 U. S. C. § 1821 (d) (5) (A) (i)

(76) Cf. 12 U.S.C. § 1821 (d) (6) (A)
(77) Cf. Macey, Miller, *Banking Law and Regulation* p. 644.
(78) Cf. 12 U.S.C. § 1821 (d) (5) (D)-(E)
(79) Cf. 12 U.S.C. § 1819 (b) (2) (A)
(80) Cf. Macey, Miller, *Banking Law and Regulation* p. 644.
(81) Cf. Simons, Edward, White, James., *Banking Law* (Third Edition) (West Publish, 1991) p. 709. ff
(82) Cf. 12 U.S.C. § 1821 (d) (10) (B)
(83) Cf. Macey, Miller, *Banking Law and Regulation* p. 646. ff.
(84) Cf. 12 U.S.C. § 1821 (d) (11)
(85) Cf. 12 U.S.C. § 194
(86) Downriver Community Federal Credit Union v. Penn Square Bank, 879 F. 2d 754 1989 U.S. App. LEXIS 9447.
(87) Cf. O'NEAL v. WHITE, 79 F. 2d 835 1935 U. S. App. LEXIS 4282
(88) Cf. Macey, Miller, *Banking Law and Regulation* p. 650.
(89) Cf. 12 U.S.C. § 1821 (i) (2)
(90) Cf. Macey, Miller, *Banking Law and Regulation* p. 651ff.
(91) Cf. LEACH v. FDIC, 860 F. 2d 1266 1988 U. S. App. LEXIS 16231
(92) 12 USCS § 93 (a)
(93) Cf. LEACH v. FDIC, 860 F. 2d 1266, 1269.
(94) Cf. Macey, Miller, *Banking Law and Regulation* p. 656.
(95) Cf. *ibid.*, p. 658ff.

(96) Cf. 12 U. S. C. § 1821 (e) (1)
(97) Cf. 12 U. S. C. § 1821 (e) (4)
(98) Cf. 12 U. S. C. § 1821 (e) (5)
(99) Cf. Olson, *op. cit.*, p. 138.
(100) Cf. Macey, Miller, *Banking Law and Regulation* p. 661.
(101) D'Oench, Duhme & Co. v. FDIC, 315 U. S. 447 1942 U. S. LEXIS 1067.
(102) Cf. Symons, White, *op. cit.*, p. 709. ff.
(103) Cf. 12 U. S. C. § 1823 (e)
(104) Cf. Olson, *op. cit.*, p. 139.
(105) FSLIC v. MURRAY, 853 F. 2d 1251 1993 U. S. App. LEXIS 12053
(106) Cf. Macey, Miller, *Banking Law and Regulation* p. 673.
(107) Cf. *ibid.*, p. 674. ff
(108) Cf. Langley v. FDIC, 484 U. S. 86 90-91 1987 U. S. LEXIS 5029
(109) Cf. Symons, White, *op. cit.*, p. 714. ff
(110) Cf. *ibid.*, p. 710.
(111) Cf. Macey, Miller, *Banking Law and Regulation* p. 677ff.

終章　銀行はなぜ特別か

第一節　銀行の何が特別か

　これまで見てきたように、金融機関（得に銀行）は、株式会社でありながら、通常の商法の適用とは別の考慮が必要であった。それは、①販売時における金融機関の説明義務であり、②銀行取締役の注意義務基準の類型化であり、③銀行破綻処理の特殊性であった。それらはいわば実務上必要な派生的措置であり、その根幹として「金融機関の何が特別なのか」を、根元的に考察する必要がある。銀行は特別かという議論に関して、米国では、①銀行は特別であり、特別な規制を必要とすると考える立場と、②特別な規制は必要ではないという立場が対立する。前者の立場では、米国連邦準備銀行（ＦＲＢ）のコリガン氏は、銀行は特別であり、特別な規制を必要とする立場であり、大手民間銀行の経営者であるアスピン氏は、規制緩和こそ必要なものであると反論する。(1)

　銀行規制論者の代表であるコリガン氏によると、(2)銀行は公益（Public Interest）に奉仕し、それ故に銀行は投資銀行業務とは分離されるとする。(3)更に銀行規制でもっとも重要な点は、「健全さと安全性（Soundness and Safety）である」とする。これらはいかに金融自由化が進展しても、銀行にとって重要であるである点には疑いがない。近年様々な金融機関から預金類似の商品が発行されているが、その中でなぜ銀行の発行する商品のみが預金保険等公的保険で保護されなければないのだろうか。つまり言い換えると、金融自由化が進展しても、規制・保護されるべき業務及び必要性は何なのであろうか。コリガン氏によると、銀行を「特別」にしている要素は、三つに単純化できる。すなわち①銀行は取引口座（決済口座）を提供する、②銀行は、他の企業の流動性の保証をしている、③銀行は金融政策の伝達手段である、の三点である。

一方自由化論者のアスピン氏によると、(4) 規制は競争を奪うだけで、過去の事例から理解されるように度を過ぎた規制は競争を奪い、金融サービスの発展を阻害する、という。また銀行以外の業種、例えば保険業やノンバンクはそれぞれ独自の規制を受けており、しかもそれらは、(1)ディスクロージャー、(2)業務の公平さの確保と消費者保護の要請、(3)利益相判の排除、(4)資本規制、(5)資産の過度の集中の排除、(6)資産査定、(7)破綻の場合の資産保護等の点で、銀行と同等の規制を受けている。従って銀行のみが特別であるという議論は当てはまらない、とする。規制緩和こそが、銀行の健全性を増強する正しい選択であるとし、その上でアスピン氏に反論している。しかし本稿の議論の焦点は「銀行はなぜ特別か」という点であるので、規制緩和の議論はせず、「特別性」に限って議論をしていきたい。アスピン氏の反論は、コリガン氏の分類に従って個別に議論されているので、以下具体的に、議論していきたい。

まず第一に決済口座の提供に関して、両者の議論を整理し、検討していきたい。まずコリガン氏は、取引決済口座を提供することは、第三者である顧客の要求により、送金や小切手決済資金の移動が行われ、国民の経済活動の潤滑油的な役割を果たし、これがなければ取引の裏面である資金決済が出来ないことになる、とする。銀行と他の機関との違いは、顧客からの請求により（on demand on par）、資金を供給し、時には信用創造して提供する資金量を増やし、顧客の資金需要を調節することである。この機能の結果、銀行利用者は資産と負債の満期のずれ（Mismatch of the Maturities of the Assets and Liabilities）を克服することが出来、ひいては裏面から経済活動を保証しているとする。しかしこの信用システムは、非常に繊細であるため、公益に資するセーフティーネットにより担保されなければならず、銀行自体の資産・負債管理をすることがこの信用システムを保護することにつながり、システム全体を管理することが個別の破綻のショックを吸収することにつながる、という。これに対しアスピン氏は、決済システムは銀行だけのものではないと反論する。決済には通常小切手や電子的な資金移動が必要であるが、その決済機構には銀行以外の機関も持株会社を通じて子会社を取得することにより参加することができるので、信用システムは今や銀行だけのものではない、とする。そこには現金など通貨が介在し、またクレジットカードなどにもその機能が付随するとする。このように実際は既に銀行以外のものが信用システムに介在しているため、銀行だけが独占しているものではない。既述したように、本稿の目的は銀行規制の有無ではなく、特殊性の源泉を検討することであるから、議論自体の検討はしないが、決済機能の付加というのは、銀行の特別性を主張するのに必要不可欠な視点である。

また第二に、決済機能だけではなく、流動性を担保するための貸手機能もまた銀行の特徴的な機能であるとする。コリガン氏は、それに加えて、ノンバンクを含む他の金融機関及び非金融機関に対し、最終的に流動性を供給するのは銀行であるとする。更に銀行の流動性を供給するのはいわゆる中央銀行であり、この機能はラストリゾート機能と呼ばれる。銀行の貸し出し機能の基になるのが預金であるが、一般大衆から預金の形で資金を集めうるのは銀行しか存在しない。しかしアスペン氏によると証券会社等の他の機関でも要求払い式金融商品は販売されており、厳密な意味での違いはない、とされる。また直接金融が発展するにつれ、銀行の間接金融としての地位は低下し、銀行への産業の依存度が低下するために貸手機能は相対的に低下する、としている。思うに、貸出機能は銀行の基本的な業務であるが、他の金融機関、ノンバンク及び国・地方公共団体ですら貸出業務を行っている。しかしこれらの機関からの貸出は、現行ではごく一部にとどまっており、しかも時期的にも条件的にも制限されている。従って貸出機能・及び預金受入機能は、同一機関で両業務を行っている点、及び一般大衆からの現実的なアクセスのしやすさなどから考慮すると、限定的ではあるが、銀行に特殊性があるといえよう。

第三に「銀行が金融政策の伝達手段である点」であるが、コリガン氏は貸手機能に関して、銀行と中央銀行の間には明らかな業務の関連性がある、とする。その点から、銀行は国民経済にとって重要な「金融政策」の伝達手段となる、としている。これはいうまでもなく、公定歩合や預金準備率操作などを通じて、中央銀行や金融当局が行う政策の遂行手段として銀行がその特殊性をもつという議論である。しかしこれに対しても、アスピン氏は、この論点は中央銀行の機能の延長線上でしか過ぎないと批判する。例えば国債等の販売に関して、金利の調節をする場合、参加者は銀行以外のもの（機関投資家）も入る可能性があるため、金融政策の伝達手段は、銀行だけではない、と主張する。思うに、確かにこの点に関しては、アスピン氏のいうように、金融施策の伝達手段において銀行は大きな役割を果たしているが、それはむしろ中央銀行や金融当局の問題であり、銀行の特殊性を特徴づけるものとはいえない。例えば公定歩合を上げ下げすると、銀行だけでなく貸出機能を有するノンバンクもその影響を受け、市中に資金を貸し出しする際に同じ影響を与えるといえる。

以上のように①銀行は取引口座（決済口座）を提供する、②銀行は、他の企業の流動性の保証をしている、③銀行は金融政策の伝達手段である、の三点に関し、銀行の特殊性を検討してきた。既述したように本稿の目的は、銀行に規制が必要な否かではなくて、どこに特殊性があるかである。従って、その個別の指摘が重要であるが、「特殊性」に関する一般的な議論からは、銀行の決済業務・為替機能が「特別性」の第一の要素である。更に貸出機能も、限定的ではあるがその要素に含まれるといえる。

（1）　Cf. Macey, Miller, *Banking Law and Regulation* p. 73ff.

（2）　Corrigan., Gerald "Are Banks Special?" *Federal Reserve Bank of MInneapolis Annual Report 1982* Cf. Macey, Miller, *Banking Law and Regulation* p. 75.

（3）　周知のように米国において、銀行業務と証券業務を峻別してきたグラス・スティーガル法は一九九九年に、グラム・リーチ・ブライリー法により撤廃されたが、この議論自体は有効であると思われる。

（4）　W. Aspin, "On the Specialness of Banking" *7 Issues in Banking Reg. 16* (1983) Cf. Macey, Miller, *Banking Law and Regulation* p. 79.

第二節　金融機関の説明義務・銀行の取締役の注意義務及び銀行破綻処理の特殊性

最後に本書で検討した諸問題――金融機関の説明義務・銀行の取締役の注意義務及び銀行破綻処理の特殊性――を個別に再検討し、これらの問題の何が特殊かを検討することにより、「銀行」、もしくは「金融機関」の特殊性を法的に検討したい。

一　説明義務

金融機関の説明義務に関して、本書では、金融サービス法が制定される以前から、過渡期的には信義則を媒介とし、しかし以下の理由から「説明義務」という概念を認めるべきとした。まず金融機関と顧客間に助言契約がある場合、投資顧問的な説明助言義務が生じる。なお黙示的にこの契約が締結された場合も含まれるので、この適用はかなり広いものといえよう。

次に契約がない場合は、米国の信認義務に関する議論を参考にして、通常消費貸借における貸手（金融機関）と借手の間に信認義務を課すためには、特別の事情が必要である。特別の事情とは、①借手が貸手に特別の信頼を置いていた、②借手が貸手から助言を得ており借手がそれに依存していた、③貸手が借手に優越的立場又は支配力を得ていた場合であり、信認関係がいったん認められると、①守秘義務、②情報開示義務、③借手の最大利益のために行動する義務が生まれる。その結果金融機関に顧客の事情に最も適合する情報を提供する義務を有するという帰結になる。また米国不法行為リステイトメント五五一条第二項により「契約の両当事者間に著しい情報格差があり、かつ一方当事者が他方当事者の情報に依存していたような場合には、他方当事者は——この場合は金融機関であるが——先行行為として情報開示義務を負う」とされている。我が国でも金融機関と顧客の間には著しい情報の偏差があり、取引開始後も顧客は金融機関からの情報提供に依存していることが多く、説明義務に関して「契約当事者間に情報の収集・蓄積をする能力において著しい格差がある場合には、この格差を是正する義務」が認められるべきである。従って、契約自由の原則、言い換えるとある意味で自己責任の原則は、当事者間に圧倒的な情報量の差がある場合には、その責任を問い得ない。

金融機関の業務の内容的に関し、金融機関は高度な注意義務を負うというのが「公共性の理論」である。すなわち金融機関の公共性・専門性・圧倒的な情報量を鑑みると、金融機関は顧客や一般大衆に対して、自己責任を問いうるレベルまで情報・知識を上げる義務を負うという理論が演繹可能ではなかろうか。このように、これらの検討を鑑みると、金融機関はその職務の性質上説明義務を有していると解することが出来る。説明義務が存在することの理由付を一つに限る必要はないと思われる。

次にこの説明義務の内容を検討するが、まず問題としたいのは、「適合性の原則」である。特に明文で規定のある証券取引法を除いて、保険業法と銀行法には明文がない。そこで説明義務が尽くされたか否かは、相手方の具体的な理解を基準として判断されるべきである。その結果説明義務は、説明を相手方に理解させるように努める義務を含むと解すべきである。また顧客がリスク商品に投資をする際には、自己責任の原則が重要である。自己責任との関係については、「自己責任の原則は、銀行が顧客に対し、顧客が当該契約を締結することの適否を判断するに当たり必要不可欠な事項を説明して初めて妥当するものといわなければならない。このように金融機関の説明義務の中には自明に適合性の原則の要素が含まれており、そしてそれは顧客・投資家に自己責任を追及するための前提条件と解するべきである。

続いて消極的義務に関して検討する。この点契約の「当事者」の概念を広げて、責任を広く解するという考え方に対しては、ドイツの目論見書責任の議論から「投資家が意思決定をする際に、仲介業者は専門家として目論見書の記載事項に、いわば保証人のように個人的な信用を与えているような印象を相手方に与えるからである」とし、この点アスマン教授は、契約成立に関与したものが、もし契約締結時に相手方の信頼を高めた場合には、一種の契約締結上の過失の法理により責任を負うとしており、金融機関の職員が顧客の誤解を認識している場合には、誤解を解くような義務は存すると解すべきである。

またアフターケア義務に関してであるが、これは「継続的な金融取引において、業者には、顧客のニーズにこたえ、少なくとも顧客に損失が生じないように、あるいは損失が生じたときはこれを最小限に食い止める措置を講ずべき義務」と理解するべきであろう。米国では、不法行為リステイトメント五五一条二項(c)は、契約の基礎的な状況が変化したときに、当該金融取引が一回性のものではなく継続的なものである場合、顧客がその事情の変化を知ることが客観的に期待されれば、金融機関に情報開示義務があることになる。この公開すべき情報には、従前に販売した金融商品に対する金融機関が入手した新たな情報も含まれると解すべきである。このように考えると、金融機関に対し契約締結後も一定の事項についても説明しなければならないというアフターケア義務を「説明義務」の中に認めるのが妥当であると解する。この点現行金融サービス法は、アフターケア義務、及び「適合性の原則」の基本的理解に関し、不十分である。その結果金融機関は販売時だけでなく、継続的取引が損する場合には販売後も説明義務が続き、民法上の信義則を媒介として、アフターケア義務を負っていると解するべきである。同時に「適合性の原則」に関しても、説明義務には自明に含まれ、その法理は、「顧客の知識・情報レベルを自己責任を問いうるために必要なレベルまで引き上げること」と理解するべきである。

このように第二章では上述のように「説明義務」を理解したが、これは金融機関のどのような性質から発生するものであろうか。金融機関と顧客の間には著しい情報の偏差があることから、この格差を是正する義務として説明義務を理解するべきである。また金融機関の業務の内容的に関し、金融機関は高度な注意義務を負うというのが「公共性の理論」である。同時に金融機関の公共性・専門性・圧倒的な情報量を鑑みると、金融機関は顧客である一般大衆に対して説明義務を負う。すなわち業務の専門性、契約の一般理論から導かれる情報の非対称性、そして公共性が、金融機関の説明義務を導いていると思われる。

二　銀行取締役

大和銀行事件では、巨額の賠償金ばかり注目が集まり、代表訴訟の制限に関し議論が集中しているが、取締役の注意義務に関し、現行法上の同一基準で十分だろうか。言い換えると「融資取引に際し、一般企業の取締役と銀行取締役は同じ内容の義務を負っている」のだろうか。銀行取締役は、銀行業に関しては専門家であり、しかも日本の場合は、三〇年以上継続して銀行業務に就いているのが通常である。そうならば、銀行取締役に関しては銀行業務、例えば、銀行融資に関連しては、通常の企業が融資する場合と比べて、注意義務の判断基準に関して、専門家としてより厳密な要素が考慮されるのは当然だろう。そこで、一般人が期待する、経験があり、熟慮ある専門家である銀行取締役ならばこう判断しただろうという、「銀行取締役の注意義務違反の認定基準」というものを考えても、現行解釈論上論理の飛躍とはならないであろう。銀行は一般他業種の株式会社とは異なり、免許業種であり、しかも破綻すれば信用システム自体に大きな影響を与えるという公共的性格を持つものである。そのために公的資金も導入されたのであるはずである。しかもその職務は極めて専門性が高く、高度な知識と判断を要するものであることを前提として、注意義務違反が認定されなければならない。銀行取締役は、特に従業員から取締役になったものは、長年銀行業務に精通したいわばプロである。従って銀行取締役は、銀行業務に関して、通常の人間と比べて、銀行業に関し、深い知識を持つのは当然である。従って当該取締役が注意義務違反か否かを判断する際に、一般人が期待する通常の常識を持つ同様の立場の銀行取締役であれば、下しただろう判断を基準とすべきである。

銀行取締役の信認義務に関し、「元々銀行のような預金金融機関の役職員は、株主だけでなく、債権者の一人として預金者に対しても信認義務を負い、最大利益のために行動する義務がある」とされる。通常取締役は破産する前は、債権者に信認義務を負わないが、銀行の場合には、準公的性質を持つので通常時でも、信認義務を持つとされ、この意味で差がある。前述のように、一九三四年ニューヨーク州裁判所で判示された、ブロデリック対マーカス事件[1]では、「(銀行取締役は)、預金者の資金が安全にかつ注意深く運用されているか監視する責任がある」と判示した。また取締役の監視義務違反でに関する事件[2]では、銀行取締役は株主に対して善管注意義務を負うだけでなく、預金者のためにも義務を負うとしている。取締役の監視義務に関するFDIC対ビアマン、スタンリー事件[3]では、「銀行取締役は、銀行業務に関連して合理的な監視を行う信認義務を負い」とし、取締役は専門家として「貸付機能を適切に監視」しなければならないとされている。専門家としてということは、当然その職務内容の検討も含まれるということである。同判決はさらに、銀行取締役は、「銀行の状況を確認し、合理的な監督権を行使し、それを監視する」義務を負うことになる。このように米国判例では銀行取締役は、銀行業務を十分に把握し、慎重さ及び勤勉さをもって業務を監視する義務を負うとされている。ここから我が国でも、この義務を「銀行取締役は銀行業務の専門家として、業務を遂行し、善管注意義務・忠実義務に違反するのは、この義務に著しく違背するとき」と解するべきである。

それでは「銀行取締役」は具体的にどのような義務を負っているか。それに関し本稿では、以下のような検討をした。ブロデリック対マーカス事件では、健全銀行原則を無視して、無担保で一〇％という制定法による大口融資規制を超えた融資につき、注意義務に違反しているとされた。またアンダーソン対バンディ事件では、銀行取締役は、職員からただ報告を受けるだけではなくて、銀行取締役にふさわしく主体的に検査する義務があり、幹部職員からの進言を無視して、制定法の上限を超えて、大恐慌の中、リスクの高いオプション取引を行ったことが義務違反に当たるとされた。ＦＤＩＣ対ビアマン、スタンリー事件では、銀行取締役は、相当な時間およびエネルギーを、銀行業務の監視、会議への参加、並びに検査報告にあてなければならないとされた。ＲＴＣ対アクトン、リッテンベリー事件では、不動産関連融資に関し、大口融資規制関連する当局の指導を無視して、経営破綻した場合に、この判断は経営判断原則により免責されないとした。

わが国の中京銀行事件では、判例は「継続して被担保債権額の四〇％程しか価値のない利札のない国債を担保とした判断は、注意義務違反ではないとしたが、この判断は「銀行取締役の判断」としては、問題があるとした。また東京都観光汽船株主代表訴訟では、一般企業の取締役が、毎期赤字を計上し、融通手形を発行しており、更にその相手方が倒産するなどの状況で、当該グループ企業に対し無担保で貸付を継続したことは、取締役として注意義務に違反する、とした。大和銀行事件では、当該有価証券取引に関し、検査対象の入手に関し、同一人物に入手させることで改竄の機会を与え続けたことは、注意義務違反となるとされた。銀行取締役は、金融取引のプロとして、当該取引のリスクを把握し、管理体制を確立しなければならない。

また日米の金融当局の検査から理解されるのは、米国では、例えば、CRAなどの特別立法が多く、法令遵守に関して検査項目が多い。十分な理解が必要である。（日本の金融庁の話）。最後にコメンタールからは、三〇項目の指摘があったが、①融資に関する義務、②法令遵守義務、③内部的管理・および手続の確保、④リスク管理・経営監視の適正に分けられる。これらの項目は、例示であり、これに限定されるわけではない。これらの注意義務を理解し、新しい状況が展開した場合に、銀行経営のプロとしての「銀行取締役」としての判断が期待される。

このように銀行取締役は、金を不特定多数から集め、他人の資本を利用して収益を挙げ、預金者及び信用システムに対して責任を負うから、株主の他に預金者にも信認義務を負っている銀行業務のプロとしての銀行取締役注意義務基準の判断に際して、考慮されなければならない。これが「取締役の責任」に関する銀行という業務の特殊性である。しかしこれらは銀行業務に特有の基準であり、特別の立法もない中で銀行取締役が特別のより高い注意義務を負っているのではない。

三　破綻処理

銀行の破綻に関し、米国の議論のように、受託者が指名されてから、資産整理、債権者への配当というように時間を経た後の手続の確立が急務である。その際重要なのは、銀行破綻に際して「大きくてつぶせない」という特則がほとんど失敗におわり、改正された事実である。我が国では旧長期信用銀行がこの原則により、公的資金を用いて国有化された後、譲渡されたが、「上位二〇行」という原則が果たして妥当であったのか、アメリカの事例を参考にしながら、検討されるべきである。この点米国では、日本が採用した「大きすぎて潰せない」という原則は、既に放棄されている。破綻処理コストが大きくかさむことと、経営者のモラルハザードがその理由である。

また時間が経てば経つほど、資産は劣化し、回復が難しくなる。金融の破綻処理に関して、早期措置こそ、コストを最小化し、システムリスクを極小化するために必要な大原則である。誰が銀行を閉鎖し、どういう基準で行い、その理由を明確化することが必要である。その際に一般民事法ではなく、なぜ特則が用いられるのか。銀行は株式会社であるので、基本的に商法の適用を受ける。しかし銀行には、大衆の預金を保管し、資金移動のシステムを管理し、企業及び個人に資金を供与するという役割がある。その役割があるからこそ、このような特別法の適用があるのである。従って、預金者のペイオフに際しては、特別の配慮が必要であり、資産整理にも、公的資金を使っているため、特別の権利（サイドアグリーメントルール）が認められているのである。

つまり破綻処理には、銀行の決済性と公共性から一般事業会社とは異なり、公的資金の導入が認められる。それは、本章第一節の考察によると、保護されるべきは融資機能よりも、決済機能・為替機能であり、その次に流動性を担保する融資機能が指摘される。また公的資金をいかに少なくするかという観点から、早期に行政が介入する必要があり、コストの最小化が最重要である。また公的資金の導入に関しては、破綻した金融機関の規模の大きさより、「代替可能か否か」で決するべきである。

このように金融自由化を巡って生じた問題点を個別に検討し、整理してきたが、金融機関――特に銀行

——には、①業務の専門性、②情報の格差、③業務、特に決済・為替機能に関し免許を受ける公共性、及びその代替性の欠如、④資金を不特定多数から集め運用することにより収益を上げる業務の大衆性が存在するが故に、銀行をはじめとする金融機関は、一般私法、すなわち民法、商法をはじめ、民事訴訟法、会社更正法等の適用よりも特別法及び特別の配慮が必要であると理解するものである。

（1）　Broderick v. Marcus, 152 Misc. 143 ; 272 N. Y. S. 455, 1934 N. Y. Misc. LEXIS 1377

（2）　Atherton et al. v. Anderson, 99 F. 2d 883 ; 1938 U. S. App. LEXIS 3015

（3）　Birman v. Stanley, 2 F. 3d 1424 ; 1993 U. S. App. Lexis 20459

初出一覧

序　章　書き下ろし

第一章

第一節乃至三　「金融機関の説明義務に関する一考察」新潟大学・法政理論第三〇巻三号一二四〜一三六頁。

第四節　「金融機関の説明義務に関する一考察」日本私法学会・私法第六〇号二五七〜二六三頁（一九九八年）。

第五節　書き下ろし。

第二章

第一節　「銀行取締役の注意義務基準——アメリカ判例を参考にして」企業会計二〇〇二年四月号一三〜一八頁。

第二節　「銀行取締役の注意義務の具体的基準（上）——日米判例を参考として」取締役の法務一〇月号（二〇〇一・一〇・二五）五八〜六九頁。
「銀行取締役の注意義務の具体的基準（下）——日米判例を参考として」取締役の法務一二月号（二〇〇一・一二・二五）八四〜九一頁。

第三節　書き下ろし

第三章

第一節　「金融機関の破綻と特例措置の検討——行政による積極介入の必要性」『現代企業法の新展開（小島康裕教授退官記念）』五七三〜五九七頁（信山社、二〇〇一年）

第二節「金融機関の破綻と特例措置の検討（1）——処理コストの最小化」資本市場研究会・月刊・資本市場二〇〇二年一月号二四～三六頁。
「金融機関の破綻と特例措置の検討（2）——処理コストの最小化」資本市場研究会・月刊・資本市場二〇〇二年二月号一九～三四頁。

終　章　書き下ろし

索　引

デリバティブ取引……………………20
ドイツ証券取引法…………………61
問屋（といや）……………………48
投資家保護原則……………………49
投資勧誘……………………………36
特別公的管理 ……………………175

〔な〕

内部事情理論 ……………………114
二部市場……………………………54

〔は〕

灰色資本市場………………………56
Ｐ＆Ａ ……………………………197
米国連邦規則法 …………………101
変額保険……………………………7, 10
ボイラールーム……………………37
法令・定款違反 …………………100

〔ま〕

未履行契約 ………………………215
目論見書責任………………………56

〔や〕

ユニバーサルバンク………………47
預金保険機構 ……………………168

〔ら〕

連邦貯蓄貸付保険公社 …………178

〔わ〕

ワラント取引………………………22

索　引

〔あ〕

アフターケア義務……………………77
アサートン判決 ……………………110
一般目論見書責任……………………56
インパクトローン……………………17
FDIC（連邦預金保険機構）………91
大きくてつぶせない原則 ………184
オープンバンクアシスタンス
……………………………188, 193

〔か〕

貸手責任論……………………………29
ガストロノミー判決…………………57
株式持ち合い …………………………2
株主代表訴訟 ………………………155
看板理論………………………………37
行政による積極的な介入 ………159
共同決定法 ……………………………3
銀行取締役の注意義務 …………119
金融機関開発復興執行法 ………178
金融機能早期健全化法 …………176
金融検査マニュアル ……………142
金融再生法 …………………………169
金融サービス法………………………85
金融整理管財人 ……………………174
クロスギャランティー …………204
警告義務………………………………80
契約締結上の過失……………………60
建設的信託 …………………………212
公開有限合資会社……………………55
公共性の理論…………………71, 237
公設一部市場…………………………54
コストテスト ………………………199
護送船団方式（行政）………1, 4, 105

〔さ〕

サイドアグリーメントルール …216
詐欺禁止規定…………………………35
資産整理 ……………………………202
私的訴訟 ……………………………213
自由市場………………………………54
受託者 ………………………………187
取得原価主義 …………………………2
消極的義務……………………………77
消極的説明義務………………………16
承継銀行 ……………………………175
助言契約 ……………………………47, 69
信義誠実義務違反……………………30
真実義務………………………………51
信認義務……………………31, 48, 69
整理信託公社 ………………179, 186
組織義務 ……………………………52, 81
損益通算会社…………………………55

〔た〕

第二次資本市場振興法………………66
大和銀行株主代表訴訟………………92
中京銀行事件 ………………………130
調査・照会義務 ……………………52, 80
デュー・デリジェンスの抗弁 …115
適合性の原則…17, 19, 37, 69, 72, 237

<著者紹介>

山田剛志（やまだ つよし）

1989年3月　新潟大学法学部法学科卒業
1989年4月　株式会社第四銀行入社
1991年1月　同退職
1991年4月　新潟大学大学院法学研究科修士課程入学
1993年3月　同修了（法学修士）
1993年4月　一橋大学法学研究科博士後期課程入学
1996年3月　同単位取得
1996年4月～　新潟大学法学部助教授
2000年8月～2001年7月
　コロンビア大学ロースクール・客員研究員

著　書

『金融の証券化と投資家保護』（信山社・1999年）

金融自由化の法的構造

2002年(平成14年) 6月28日　第1版第1刷発行
3102-0101

著　者　山　田　剛　志
発行者　今　井　貴
発行所　信山社出版株式会社
〒113-0033 東京都文京区本郷6-2-9-102
電　話 03 (3818) 1019
FAX 03 (3818) 0344

製　作　株式会社　信山社

Printed in Japan

 印刷・製本／星野精版印刷・大三製本
ISBN4-7972-3102-5 C3332
NDC分類コード330.001
3102-012-100-010